LA CHANSON
DE
NOS JOURS.

CHANSONS POPULAIRES CONTEMPORAINES.

DEUXIÈME VOLUME.

PARIS,

LYSSAUTIER, ÉDITEUR,

PASSAGE BOURG-L'ABBÉ, 31,

1844.

LA CHANSON

DE

NOS JOURS.

2.

Imprimerie de Pollet et Comp., rue St-Denis, 380.

LA CHANSON

DE

NOS JOURS,

Chansons Populaires Contemporaines.

DEUXIÈME VOLUME.

PARIS.

EYSSAUTIER, Éditeur,

Passage Bourg-l'Abbé, 81.

1844.

PRÉFACE.

La Chanson de nos Jours va publier son deuxième volume; malgré de tristes pronostics, elle ne mourra pas!

Nous espérons être aussi bien accueillis du public que par le passé.

Nous remercions sincèrement nos collègues en gaie science de l'appui qu'ils ont daigné nous prêter, et nous pensons qu'ils ne nous abandonneront pas.

1844. 2ᵉ *volume.*

A l'œuvre ! Chansonniers ! à l'œuvre ! vos efforts ne seront pas superflus. Si la Chanson compte de grandes illustrations ; si les Béranger, les Désaugiers, les Debraux en occupent le trône, il est au-dessous d'eux d'honorables places qu'on peut essayer de conquérir.

CHARLES GILLE.

Imp. Pollet et Cie, 380, rue St-Denis. (VERT

LA CHANSON DE NOS JOURS.

MA RAISON.

<small>Air de ma Lisette, ou air Muse des Bois.</small>

De jour en jour, je sens que je m'énerve;
J'ai vingt-quatre ans et je n'ai rien produit.
Quoi! dans ma coupe ai-je laissé ma verve,
Ne suis-je plus qu'un vil arbre sans fruit?
Je braverai votre regard sévère,
Pour mes esprits le vin est un poison;
Venez, sagesse, et retournez mon verre,
Car j'ai besoin de toute ma raison.

Oui, j'oserai lutter contre l'ivresse
Qui me ravit la moitié de mon cœur;
Qui de ma mère alarma la tendresse
En me rendant et méchant et moqueur.
Qui me ferait oublier qu'à cette heure,
Dans mon réduit, triste et froide prison,
Est une amante, une amante qui pleure?
Ah! j'ai besoin de toute ma raison.

Société, ton édifice croule,
Le pied posé sur les premiers débris ;
Des novateurs ont jeté dans la foule
Leurs chants d'espoir, leurs sublimes écrits,
Pour éclairer ma jeune ame qui doute
Au ciel, en vain, j'adresse une oraison ;
Sur dix chemins, pour choisir une route,
Ah ! j'ai besoin de toute ma raison.

Sur mes succès croit-on que je m'abuse?
Je les dois tous, tous à votre amitié ;
D'un plébéien sans accueillir la muse,
D'elle, plus haut, on rirait de pitié;
On applaudit bien fort à ceux qu'on aime;
De mon orgueil je crains la trahison
Avant vous tous, pour me juger moi-même,
Ah ! j'ai besoin de toute ma raison.

Un peu moins tard que je n'avais coutume,
Mes chers amis, je vous fais mes adieux ;
Dans ma mansarde une lampe s'allume,
Je redeviens et sage et studieux ;
Buvez, chantez, du plaisir gais apôtres,
Un autre but luit à mon horizon ;
Je veux savoir pour instruire les autres,
Et j'ai besoin de toute ma raison.

CHARLES GILLE.

N' TE FAIS PAS D' BILE.

Air : C'est ridicule (Eugène Schoppmann).

Ma musette pour mes chansons
  Devient stérile.
On veut des refrains polissons,
  C'est difficile.
Au Parnass', quand j' veux faire un pas,
  J' reste immobile.
J'entends l' public me dir' tous bas :
  N' te fais pas d' bile.

Mondor épouse à soixante ans
  Fille docile,
Comptant au plus quinze printemps,
  Vierge nubile ;
Tu peux vivre en sécurité,
  Vieillard débile,
On t'a juré fidélité.
  N' te fais pas d' bile.

J'ai lu dans un livre divin
   Et très utile,
Qu'Hypocrate ordonnait le vin
   En homme habile ;
Toi qui prêchas l'amour de l'eau,
   Censeur hostile,
Nous voulons vider un tonneau,
   N' te fais pas d' bile.

Voyez-vous trotter dans Paris
   Cet homme agile?
C'est un auteur, mes bons amis,
   Qui se faufile ;
Le nigaud prétend dégotter
   Plaute et Virgile,
Certes nous pourrons lui chanter :
   N' te fais pas d' bile.

Sénèque l'a dit maintes fois :
   Tout est futile,
Dieu fit les bergers et les rois
   Du même argile.
Pourquoi donc toujours t'abstenir,
   Mortel fragile?
Vis sans songer à l'avenir.
   N' te fais pas d' bile.

Puisqu'un jour de ce monde-ci
  Faudra que j' file,
Aux enfers je veux, comme ici,
  Garder mon style ;
Avec Panard, Collé, Piron
  Et Martainville,
Nous chanterons au vieux Caron :
  N' te fais pas d' bile.

ALEXIS DALÈS.

LE PROLÉTAIRE.

CHANSON,

Air du Vaudeville des Poletais.

Tout uniment,
Franchement,
Brusquement,
C'est la manière
Du prolétaire.
En toute affaire,
En tout lieu, tout instant,
Le prolétaire
Marche tambour battant.

Au hasard jeté sur la terre,
Et quoique malingre et grognon,
Ce brave enfant de la misère
Pousse et croît comme un champignon.
Sur la route de l'existence,
Quand l'héritier de l'opulence
Cloche rampant, et par jets incertains,
Lui, ne va jamais par quatre chemins.

    Tout uniment, etc.

Sans protecteur, sans biens ni rente,
Sans esprit, sans un sou comptant,
Il est heureux, il aime, il chante,
Et se croit un être important.
A son cœur qui toujours le guide,
Il lâche saintement la bride,
Et lorsque Dieu, pour le bonheur de tous,
Bat le rappel, il court au rendez-vous.

    Tout uniment, etc.

Insouciant par habitude,
Aujourd'hui narguant le destin,
Il vit dans la béatitude
Que Dieu pourvoie au lendemain.

Aussi quand un cri de souffrance
S'échappe, bientôt il s'élance.
Il donne et donne en son noble transport
Son dernier souffle et son dernier effort.

  Tout uniment, etc.

Sa race nombreuse pullule,
Et pourtant, pauvre ange déçu,
Plus il grandit, plus on l'accule,
Mais plus il veut être aperçu.
Des mains du maître qui le mène,
Le plat de la balance humaine
Tombe et s'échappe entraîné par le poids
Sitôt qu'il l'a touché du bout des doigts.

  Tout uniment, etc.

C'est lui qui donne les couronnes,
C'est lui qui fonde les états ;
Qui fait et redéfait les trônes,
Les héros et les potentats ;
Puis, quand il veut, sa main habile
Pétrissant le bronze et l'argile,
En un clin d'œil, monuments glorieux,
Les prend du sol et vous les lance aux cieux.

  Tout uniment, etc.

Il est pourtant humble, et la foule
Des heureux qu'a faits son grand cœur ;
L'insulte, et souvent du pied foule
Les plus doux fruits de son labeur;
Mais alors que la voix chérie
De l'universelle patrie
Aura jeté son cri de liberté,
Il sortira de son obscurité.

  Tout uniment,
  Franchement,
  Brusquement,
C'est la manière
Du prolétaire.
En toute affaire,
En tout lieu, tout instant,
Le prolétaire
Marche tambour battant.

VINÇARD,

L'AMANT PRÉFÉRÉ,

OU LA MÈRE ABSENTE.

Air : Vli, Vlan, taisez-vous ;
Je me venge de deux époux :
(Béranger).

Entre chez nous, mon prétendu,
Maman vient de sortir bien mise :
Va, tout espoir n'est pas perdu,
C'est pour nous qu'elle est à l'église.
Elle vient d'écrire à Germain
Que jamais il n'aura ma main.
    Oh ! oh ! mon amant,
De peur qu'elle ne se dédise,
    Oh ! oh ! mon amant,
Mettons à profit ce moment.

Quand elle a dit à Nicolas
Que tu ne serais point son gendre,

Que ce mot t'a fait mal, helas !
Qui mieux que moi peut le comprendre ?
Tu voulais, par un nœud coulant,
Vers les cieux prendre ton élan.
  Oh ! oh ! mon amant,
A mon cou viens plutôt te pendre.
  Oh ! oh ! mon amant
Mettons à profit ce moment.

Ainsi qu'Héloïse, Abeilard,
Dont la constance est exemplaire,
En jetant là-haut un regard,
Faisons comme eux notre prière.
Ils nous entraînent vers l'hymen ;
Tu mets le pied dans le chemin.
  Oh ! oh ! mon amant,
Je sens tomber ma jarretière.
  Oh ! oh ! mon amant,
Mettons à profit ce moment,

De Dieu s'il nous vient des marmots,
Il faudra chérir son ouvrage ;
Ma mère m'en a dit deux mots,
C'est la tout mon aprentissage.
Si la vertu ne se ternit,

Quand par amour elle s'unit,
    Oh ! oh ! mon amant,
La mienne étouffe dans sa cage.
    Oh ! oh ! mon amant,
Mettons à profit ce moment.

En baisant mon petit menton,
Tu fais flotter ma chevelure ;
Je sens mon jupon de coton
Qui s'échappe de ma ceinture.
Quel est ce bruit sur le carré ?
Serait-ce monsieur le curé ?
    Oh ! oh ! mon amant,
Bouche le trou de la serrure.
    Oh ! oh ! mon amant,
Mettons à profit ce moment.

Mais si maman ne voulait plus
Nous marier, mon bon Étienne,
Adieu notre petit Jésus,
Dont j'avais choisi la marraine.
D'y penser mon cœur s'amollit,
En tombant vers le pied du lit.
    Oh ! oh ! mon amant,
Pour que ce petit poulet vienne,
    Oh ! oh ! mon amant,
Mettons à profit ce moment.

Bénir le Seigneur dans le fond,
C'est remplir une sainte affaire ;
Puisque tous les dévots le font,
Nous pouvons bien aussi le faire.
Béni ! béni ! soit le Seigneur,
Que je porte au fond de mon cœur !
 Oh ! oh ! mon amant,
Assez ! assez ! j'entends ma mère.
 Oh ! oh ! mon amant,
Sauve-toi ! tu n'as qu'un moment.

BAPTISTE LAMOME.

PAUVRE PARIS !

A M. MOREL, MÉDECIN.

Air de Nostradamus (Béranger).

Un vieux berger à son fils jeune encore
Disait, un jour, en gardant ses troupeaux :
Vois ces vieux murs que la ronce décore,
Vois ces débris où règne le repos !...
Là, fut Paris ; sur ces fanges immondes
Furent des rois les palais éclatants.
L'insecte rampe où marchèrent des mondes.
Pauvre Paris (*bis*) dormiras-tu longtemps !

Là fut Paris ! Paris, ce phare immense ;
A ses rayons s'éclaira l'univers :
Les arts, la gloire ici prirent naissance,
La liberté s'échappa de ses fers.
Mon fils, là-bas, auprès de ce jeune arbre,
Ont travaillé des millions d'habitans :
De leur génie, il reste un peu de marbre...
Pauvre Paris ! dormiras-tu longtemps !

Là fut le temple où l'on plaça ces hommes
Que le génie élève au rang des dieux ;
Leur souvenir jusqu'au temps où nous sommes
Est parvenu, plus grand, plus radieux !
Les monuments se brisent ; d'un coup d'aile
Le temps détruit le bronze en peu d'instants :
Oh ! mais, mon fils ! la gloire est immortelle
Pauvre Paris ! dormiras-tu longtemps !

Là fut le Louvre : en ce palais magique
Longtemps l'abeille a nourri le frêlon :
Mais, un beau jour, une main énergique
En a sapé jusqu'au dernier moellon.
Oui, là, des rois, au nom de leurs ancêtres,
Dictaient des lois aux peuples mécontents :
Mon fils, alors, l'homme souffrait des maîtres.
Pauvre Paris ! dormiras-tu longtemps !

Je vois encore, étendus sur la terre,
Quelques débris de bronze des Français;
Sur ces débris, en un vieux caractère,
Je vois gravé la gloire, les hauts faits.
Peprends ton vol, aigle cher à Bellone !
Apparaissez, glorieux combattants !
Oh ! quel beaux noms je lis sur la colonne !
Pauvre Paris ! dormiras-tu longtemps !

Pauvre Paris ! trop grande était ta gloire,
Trop de lumières à ton front s'arrêta ;
Trop de lauriers couronnaient ton histoire,
Et contre toi l'incendie éclata.
Des fils du Nord, de stupides esclaves,
Ont dispersé tes membres palpitants :
C'est un volcan qui périt sous ses laves.
Pauvre Paris ! dormiras-tu longtemps !

Mon fils ! ainsi disparurent du monde
Persépolis, Babylone, Ilion,
Tel un vaisseau qui s'engloutit dans l'ond
Dans le néant tombe une nation.
Tout va finir dans cet abîme immense ;
Tout doit passer, tout excepté le temps !
Un peuple meurt, un autre recommence,
Pauvre Paris ! dormiras-tu longtemps !

PIERRE QUIBEL.

CONSEILS D'UN VIEILLARD

A L'ENFANCE.

AIR : *Roule, roule, gentille boule.*

Gentils enfants, l'ivresse
    Vous caresse ;
    L'âge d'or
Pour vous règne encor.

Autour de moi dansez, chantez sans cesse ;
L'été se prête à vos amusements.
Talent, grandeur, rien ne vaut la jeunesse ;
A vous la joie, à l'homme les tourments.
    Gentils, etc.

Chaque matin des fruits et du laitage
Sont préparés pour vos gais rendez-vous ;
L'égalité vous en fait le partage,
L'égalité n'existe que pour vous.
    Gentils, etc.

1844. 2e *volume.*

Heureux enfants, votre cœur est sincère,
Éloignez-vous des êtres corrupteurs ;
Comme l'hiver qui dévaste la terre,
Leur souffle impur viendrait faner vos fleurs.
    Gentils, etc.

Le faux plaisir est toujours mauvais guide,
Malheur à ceux qui suivent son flambeau ;
Mais des vertus qui se fait une égide,
Choisit le vrai, c'est l'image du beau.
    Gentils, etc.

Soyez humains, ne jetez pas l'outrage
A qui par vous cherche à se ranimer ;
Souvenez-vous que l'on aime au vieil âge,
Et qu'à votre âge il faut se faire aimer.
    Gentils, etc.

Craignez le Ciel, aimez qui vous seconde,
Pour les vieilards montrez-vous généreux ;
Ne sont-ils pas les apôtres du monde !
Pour savoir vivre il faut devenir vieux.
    Gentils, etc.

Mais le jour baisse, enfants, pour la prière,
Votre pasteur vous attend au saint lieu ;
Adorer Dieu, c'est honorer son père,
Aimer son père est rendre hommage à Dieu.

  Gentils enfants, l'ivresse
   Vous caresse ;
   L'âge d'or
  Pour vous règne encor.

EUGÈNE PETIT.

LE PRINTEMPS.

A BÉRANGER.

Air de la Nostalgie (de Paul Henrion),

ou

Air : Muse des bois.

Salut, printemps ! Volez à tire-d'ailes
Charmants oiseaux qu'effrayaient les hivers ;

Vers ces vieux murs revenez, hirondelles,
L'air est plus doux et les arbres sont verts.
Chante, poète ! un peuple aime à redire
Les purs accents de ta sublime voix ;
A nos pipeaux daigne accorder ta lyre ;
Le rossignol a réveillé nos bois.

Échos plaintifs des ames de nos frères !
Nous avons vu souvent couler leurs pleurs
Sans avoir pu, sur leurs sombres misères,
Jeter, hélas ! que de bien pâles fleurs.
Le pauvre n'ose accuser ton silence;
Jamais ingrat, il sait bien qu'une fois
Ton vers, pour lui, fit pencher la balance.
Le rossignol a réveillé nos bois.

L'âge a-t-il donc brisé ton énergie ?
Et maintenant ton noble cœur craint-il
Les cabanons de Sainte-Pélagie,
D'un long procès les ennuis ou l'exil?
Tu chanterais sur la lointaine plage.
Et les zéphirs, en regagnant nos toits,
Rapporteraient tes chansons du rivage.
Le rossignol a réveillé nos bois.

Dans le tombeau, quoi ! tu voudrais descendre,
En nous léguant tes pensers et tes chants ?
Qui pourrait donc après toi les défendre
De la critique et du fiel des méchants ?
L'Envie est là, venimeuse couleuvre,
Des auteurs morts elle atteint les corps froids ;
Reste... et, vivant, tu défendras ton œuvre.
Le rossignal a réveillé nos bois.

Il est bien temps qu'enfin l'on indemnise
De leur passé les humbles travailleurs ;
Ils marcheraient, s'ils trouvaient un Moïse
Pour les ravir au désert des douleurs.
De l'avenir, oh ! fais-toi le prophète,
Oui, frappe au cœur l'égoïsme et ses lois ;
C'est pour nous tous que Dieu t'a fait poète.
Le rossignol a réveillé nos bois.

CHARLES GILLE.

ERRATA. — Dans la chanson ayant pour titre : *Ma Raison*, au lieu de : *sans accueillez*, lisez : *vous accueillez..* — Dans celle ayant pour titre : *Pauvre Paris*, au lieu de : *trop de lumières à*, lisez : *trop de lumière à*.

A TRAVERS LA PORTE,

DIALOGUE.

Air : Tu n'auras pas, petit polisson.

Drelin din din !.. — Je n'ouvre pas ;
   En vain tu sonnes,
     Carillonnes.
— Drelin din din !.. — Je n'ouvre pas ;
Ailleurs, mon vieux, porte tes pas.

— Ta porte, ô fillette que j'aime !
N'a donc pitié de mes accens ! ...
— Elle s'ouvrirait d'elle-même
Si tu n'avais que vingt-cinq ans.
   — Drelin din din !

Si tu n'ouvres, de ta serrure,
Lison, je force le ressort....
— Oh! pour en briser la ferrure
Ton rossignol est trop peu fort.

  — Drelin din din !

La fortune, belle incrédule,
Est derrière mes blancs cheveux....
— Pour faire avaler la pilule,
Devant, elle serait bien mieux.

  Drelin din din !

Ta main qui jamais ne repose,
Chez moi n'aura qu'à semer l'or...
—A ton service, je suppose,
Qu'elle aurait plus de mal encor.

  — Drelin din din!

Au moindre signal, vingt soubrettes
Seront à tes ordres... — Pardon,
La tienne dit qu'à tes sonnettes
Il ne reste que le cordon!

  Drelin din din!

Veux-tu qu'on t'appelle Madame ?
Ce titre, tu l'auras ce soir...
— D'une fille faire une femme
Est au-dessus de ton pouvoir !

  Drelin din din!

Va, de cette rigueur extrême,
Lison, tu te repentiras.
— Jamais. mon cher, tant qu'au carême
Je préférerai les jours gras.

— Drelin din din !.. — Je n'ouvre pas,
  En vain tu sonnes,
    Carillonnes.
— Drelin din din !... — Je n'ouvre pas;
Ailleurs, mon vieux, porte tes pas.

F. SERÉ.

LE PAVILLON, C'EST LA PATRIE!

MOT DE M. DUPIN AÎNÉ, DÉPUTÉ.

Air : du Rémouleur (Festeau).

Salut ! fier et digne amiral,
Fils glorieux de notre France,
Au cœur pur et national,
Jaloux de son indépendance !
Partageant ton sublime élan,
D'un grand orateur la voix crie
Jusques par-delà l'Océan :
« Le pavillon, c'est la patrie !

Quoi ! le plus beau des étendards,
Le vainqueur de toute la terre,
Aux yeux d'un **DUPETIT-THOUARS**
Serait flétri... par l'Angleterre !..

A ce penser, tout son sang bout!...
Les matelots ont sa furie...
Tous, l'œil en feu, sont là, debout!...
« Le pavillon, c'est la patrie! »

Un serviteur de l'étranger,
Cru philantrope, un hypocrite,
O honte!... t'a fait infliger
Un vote blâmant ta conduite!!!
Méprisant les petits moyens
Des gens que l'Anglais salarie,
Écoute les vrais citoyens :
« Le pavillon, c'est la patrie! »

O vous, braves marins français,
Gardiens du drapeau tricolore !
Le témoin de tant de hauts faits,
Empêchez qu'on le déshonore :
Mâlgré de faibles gouvernants,
Conservant votre ame aguerrie,
Vous répétez à vos enfants:
« Le pavillon, c'est la patrie! »

Allons, ne désespérons pas
De l'honneur, du patriotisme.
Soldats, marins, jusqu'au trépas
Les couvrent de leur héroïsme !
Au milieu des lointaines mers
Comme aux rivages d'Algérie,
Ce cri fait retentir les airs :
« Le pavillon, c'est la patrie ! »

Emile Varin.

TEL PÈRE, TEL FILS,

BALLADE.

Oui, jouissons, fût-ce aux dépens des autres !
Que tout, hors nous, nous soit indifférent,
Disait mon père à ces hardis apôtres
Qui le suivaient lorsque j'étais enfant.
De ces leçons j'ai profité, j'espère ;
J'ai confirmé le dicton, — dont je ris :

    Tel père,
    Tel fils !

Cet univers a de tristes spectacles ;
Les heureux seuls en sont les citoyens.
Où le vulgaire entrevoit des obstacles
L'homme énergique aperçoit des moyens.
Foin du scrupule! au crétin la misère !
Avec votre or sur vous je m'étourdis...

   Tel père,
   Tel fils !

Qu'est celui-là qui ronfle sous l'ombrage ?
(J'ai, par l'enfer! du bonheur aujourd'hui) :
Un grand chapeau lui couvre le visage,
Un petit sac, un poignard sont sous lui.
Allons il faut, mon imprudent compère,
Que mon bâton t'envoie en paradis :

   Tel père,
   Tel fils !

Mais qu'ai-je fait ? c'est un pénible rêve!
Que veut de moi ce spectre ensanglanté ?
En chancelant — mon père se relève !

Horreur! c'est moi... c'est la fatalité!
Il est un Dieu! sa justice est amère!
Oh! c'est bien toi, Tout-Puissant, toi qui dis :

Tel père,
Tel fils !

Christian Sailer.

LA COURONNE VIRGINALE.

Musique de Béthoween.

Jeunes filles, que la pudeur
De ses ailes d'ange environne,
Sur votre front plein de candeur
Gardez votre blanche couronne.
Il est dans un endroit obscur
Un démon qui toujours vous guette ;
Et ce démon, d'un souffle impur,
L'effeuillerait sur votre tête !

Jeunes filles, dont les doux yeux
Vous donnent l'air d'une madone,
Sur votre front insoucieux
Gardez votre blanche couronne.
Il est un ruisseau noir, profond,
Où lorsque l'on se penche à peine,
La couronne tombe du front,
Ensuite le courant l'entraîne !

Jeunes filles, qui chaque jour
Adressez à votre patrone
La prière d'un chaste amour,
Gardez votre blanche couronne.
Oh ! quand on peut la garantir
De ce soufle impur qui la frôle,
Ainsi que celle du martyr,
Dieu vous la change en auréole !...

Barillot.

PIERRE GRINGOIRE.

AIR du maître Adam.

Un matin, Pierre Gringoire
Se réveillant en sursaut,
Dit : « Je cours après la gloire,
Et je ne suis qu'un grand sot.
Sur mon grabat je sommeille,
Voyant les cieux entr'ouverts,
Et c'est la faim qui m'éveille ;
Au diable, au diable les vers.

J'adore fille jolie
Et lui cache mon amour ;
Par Dieu, ce serait folie
D'en espérer du retour ;
Car plus gueux que saint Antoine,
Mon pourpoint se ronge aux vers.
Muse, l'habit fait le moine :
Au diable, au diable les vers.

Les échevins m'ont dit : Pierre,
Ami, nous comptons sur toi
Pour fêter, comme on doit faire,
Le retour de notre roi.
Pour composer leur mystère,
Trois écus me sont offerts.
Las ! l'esprit n'enrichit guère :
Au diable, au diable les vers.

Quand seul à seul je dénombre
Les malins tours du destin,
Je vois le présent bien sombre
Et l'avenir incertain.
Le noble état que j'épouse,
Me place, après mes revers,
Bouffon du roi Louis douze :
Au diable, au diable les vers. »

Charles Gille.

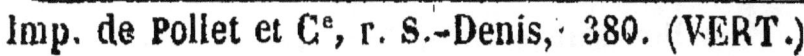

Imp. de Pollet et Cᵉ, r. S.-Denis, 380. (VERT.)

LE CABARET
DES TROIS LURONS.

Air: C'est à votre tour, mes enfants (Morisset).

Autrefois au quartier des halles
Il existait un vieux bouchon,
Vieux comptoir, vieux pots, vieilles salles,
Tout était vieux jusqu'au patron.
Trois bambocheurs à courte empeigne,
Chapeaux blancs, rouges gilets ronds,
Décoraient la joyeuse enseigne
Du cabaret des Trois-Lurons.

Là, plus d'un buveur bon apôtre
Venait se rincer le sifflet,
Et d'un bout de l'année à l'autre,
Dieu sait le vin qu'on y buvait.

Pour le rentrer jamais d'entrave.
Quel dépit pour les vignerons !
On le fabriquait dans les caves
Du cabaret des Trois-Lurons.

Notre hôtesse à lourde bedaine,
S'adjoignant un gros Auvergnat,
Au moins une fois par semaine,
Déchirait un coin au contrat.
D'un petit jeune homme au teint blême
Elle adorait les cheveux blonds ;
Le mari n'était qu'en troisième
Au cabaret des Trois-Lurons.

Des pochards la trompe avinée
Avec effroi voyait écrit
Sur un coin de la cheminée :
« Crédit est mort, plus de crédit. »
Pourtant, en se moquant du reste,
On buvait sans craindre d'affronts,
Puisqu'on pouvait laisser sa veste
Au cabaret des Trois-Lurons.

Notre capitale envahie
Par vingt monarques conjurés,
Criait aux fils de la patrie :
A vos rangs, braves fédérés

Du pays prenant la défense,
Plus d'un de ceux que nous pleurons
Sont partis pour venger la France
Du cabaret des Trois-Lurons.

Aux éclats d'une gaité folle,
Aux élans d'un plaisir sans fin,
Debreaux chantait la gaudriole;
Leroy trinquait avec Dauphin.
Le picton soutenait la verve
De ces aimables biberons;
Momus avait soûlé Minerve
Au cabaret des Trois-Lurons.

Le temps a dévoré les traces
De ce pauvre et riant réduit :
Les murs se sont couverts de glaces
Le comptoir de clinquant reluit.
Courant où le plaisir s'installe,
Je cherche dans les environs
Si je trouve une succursale
Du cabaret des Trois-Lurons.

Charles Colmance.

A UN SORCIER.

Air : Rien n'est si beau que mon village (F. Barat).

Soit pour effacer mes terreurs,
Soit pour endormir ma souffrance,
Mon ame a perdu l'espérance,
J'aime à caresser des erreurs.
Ton nom si grand, si populaire,
Jusqu'en mon réduit sut venir ;
Que ton art m'abuse ou m'éclaire,
Sorcier, montre-moi l'avenir.

L'étude m'a déjà lassé,
L'étude eut pour moi mille charmes ;
Maintenant puis-je voir sans larmes
Que j'ai gaspillé mon passé ;

Lorsque nous vient l'expérience
Le travail peut tout applanir.
Arriverai-je à la science ?
Sorcier, montre-moi l'avenir.

J'errai comme un enfant perdu
Dans le monde où j'entrai sans guide ;
J'appelai la vierge candide,
Seule Phryné m'a répondu.
De mon cœur blasé, je l'atteste,
Je voudrais pouvoir la bannir
Pour un amour pur et modeste,
Sorcier, montre-moi l'avenir.

Mes regrets l'ont assez vengé,
Dois-je donc t en faire un mystère :
Je n'eus qu'un ami sur la terre,
Sans raison je l'ai négligé.
Pour rendre mon foyer plus triste
J'y vois errer son souvenir.
Serais-je toujours égoïste ?
Sorcier, montre-moi l'avenir.

Fière de ses nobles enfants,
Heureuse de sa délivrance,
Dans le ciel j'ai cru voir la France
Bénir des drapeaux triomphants.

Pauvre gloire de ma patrie !
Des traîtres ont su la ternir ;
Sera-t-elle toujours flétrie ?
Sorcier, montre-moi l'avenir.

De mon cerveau froid, affaibli,
Tous les pauvres vers qui s'échappent
En vain à tous les échos frappent,
Ils sont emportés par l'oubli.
Fût-elle une vaine fumée,
Il est bien doux de parvenir
A la trompeuse renommée,
Sorcier, montre-moi l'avenir.

— Calme ces pensers décevants,
Au désespoir, quoi ! tu t'arrêtes ;
La nature fait les poètes,
Les bons livres font les savants.
Tu pourras retrouver un frère,
Un tendre amour pour rajeunir ;
Malgré ses maux la France espère,
Chante et sourit à l'avenir.

CHARLES GILLE.

LE GOUT DE LISON.

Air : Non, non, vous n'êtes pas Lisette.

C'est en vain que Mondor
Convoite ma Lisette,
Et veut à force d'or
Corrompre la fillette ;
  Et zon zon zon,
Rester toujours grisette,
  Et zon zon zon,
C'est le goût de Lison.

Il offre un édredon ;
Mais Lisette le raille ;
Sur ce lit Cupidon
Enfonce, dort et baille :

Et zon zon zon,
Rebondir sur la paille,
　　Et zon zon zon,
C'est le goût de Lison.

Jamais riches atours
N'ont surpris sa tendresse,
Elle change d'amours
Pour en doubler l'ivresse ;
　　Et zon zon zon,
Caresse pour caresse,
　　Et zon zon zon,
C'est le goût de Lison.

Devant un beau miroir,
Qui lui fait qu'on l'habille,
Car lorsqu'elle veut voir
Ses traits de jeune fille ;
　　Et zon zon zon,
Deux yeux où l'amour brille,
　　Et zon zon zon,
C'est le goût de Lison.

D'un palais argenté
Dédaigner l'atmosphère,
Au feu de sa gaîté,
Réchauffer sa misère,

Et zon zon zon,
La couronne de lierre,
　　Et zon zon zon,
C'est le goût de Lison.

Ceignant du haut d'un char
Le rubis ou l'opale,
Elle eut, de toute part,
Insulté la morale :
　　Et zon zon zon,
La tricher sans scandale,
　　Et zon zon zon.
C'est le goût de Lison.

Sur un ton sémillant
Parfois il la provoque,
D'un langage brillant
La friponne se moque,
　　Et zon zon zon,
La badine équivoque,
　　Et zon zon zon,
C'est le goût de Lison.

Si d'un air vaporeux
Le grand monde raffolle,
Pour son cœur amoureux
Fi d'une barcarolle !

Et zon zon zon,
Chanter la gaudriole,
Et zon zon zon,
C'est le goût de Lison.

Dans nos bals du bon ton,
Sylphides ravissantes,
Vous repoussez, dit-on,
Les coupes enivrantes,
Et zon zon zon,
Imiter les bacchantes,
Et zon zon zon,
C'est le goût de Lison.

Biens, faveur, parchemin,
Je t'offre tout cruelle,
Lui dit-il, de l'hymen
Accepte la tutelle,
Et zon zon zon,
Vivre libre, dit-elle,
Et zon zon zon,
C'est le goût de Lison.

Édouard Hachin et Chanus

LE CONVOI

DU ROI FRANÇOIS.

Air : du roi Réné (Vortelac).

—Pleurez! —pleurons (*bis*)! lorsque la parque
   Enlève un bon monarque,
     Pleins de regrets
     Tous ses sujets
     La larme à l'œil
     Entourent son cercueil.

Craignez, manans, d'attirer par le rire
Des durs archers de cuisans horions;
Nous, pour pleurer au convoi du feu sire,
Nous avons fait provision d'oignons,
     Pleurez, etc.

Avec l'argent qu'a produit le subside,
La Ferronnière eut de bien beaux bijoux;
Lors le roi dit (voyant son coffre vide):
Peuple, payez; or, le peuple, c'est nous!
     Pleurez, etc.

Vendant le droit de vendre la justice,
Thémis a pris une balance d'or,
Le vice heureux trouve un juge propice,
Dans tous les cœurs la probité s'endort.
    Pleurez, etc.

Son concordat avec notre Saint Père
A censuré les mets de nos repas;
Petits bourgeois qui faisons maigre chère
Le vendredi, tudieu ! nous faisons gras.
    Pleurez, etc.

Puis Jean Calvin est exilé, de France
Les protestants réduits à se cacher;
Pour éclairer leur foi, leur conscience
Rome en nos murs allume le bûcher.
    Pleurez, etc.

Par Charles-Quint vaincu devant Pavie,
Tout est perdu, disait-il, fors l'honneur !
Mais nos soldats y perdirent la vie,
Nous la rançon qu'exigea le vainqueur.
    Pleurez, etc.

Il cultivait, dit-on, la poésie,
J'aurais voulu le savoir; mais plus tôt
J'eusse pensé que, plein de jalousie,
Il exilait le gai Clément Marot.
    Pleurez, etc.

Mêlez souvent son nom à vos prières,
Doctes savants et célèbres auteurs,
Car ce François, protecteur des lumières,
A fait brûler plus de trente imprimeurs.
  Pleurez, etc.

Subitement notre bon prince expire ;
Qui l'a conduit de la vie au trépas?
C'est, sans rougir je n'ose vous le dire,
Ce mal honteux dont on ne guérit pas.

— Pleurez! — pleurons (*bis*), lorsque la parque
Enlève un bon monarque.
  Pleins de regrets,
  Tous ses sujets,
  La larme à l'œil,
  Entourent son cercueil.

TU N'EN AURAS PAS L'ÉTRENNE.

Air : Ni vu ni connu, j' t'embrouille.

  Rimant de travers,
  Chez le dieu des vers
Je croyais marquer ma place.
  Apprends, me dit-il,
  Qu'un esprit subtil

Peut seul gravir le Parnasse ;
Vois-tu l'écueil
Où trop d'orgueil
Vous mène ;
Dans ce fossé
On est placé
Sans peine ;
Ne crains pas l'affront
De tomber au fond,
Tu n'en auras pas l'étrenne.

Ne soit pas si fier,
Tu sauras mon cher,
Répondis-je avec noblesse,
Que les Lycéens,
Mes joyeux soutiens,
Sont aussi de ton espèce.
On m'entendra,
La Lice est ma
Marraine,
Et ma chanson
Sera de son
Domaine.
J'allais te l'offrir,
Mais pour te punir,
Tu n'en auras pas l'étrenne.

J'ai ri de bon cœur
D'un garçon d'honneur
A la figure éveillée.
Au premier signal.
On ouvre le bal
Sans trouver le marié.
Notre égrillard
D'un air gaillard
L'emmène ;
L'époux prétend
Danser et prend
Sa reine.
Va ! dit le malin
Au mari benin,
Tu n'en auras pas l'étrenne.

A Londres on pendit
Un fameux bandit,
Mais à peine à la potence
La corde se rompt,
Et le drôle est prompt
A profiter de la chance.
Pour vol de prix
Il est repris
A Vienne.

Près du gibet
Certain valet
L'amène :
Va, dit-il, mon vieux,
Pends-moi, si tu veux,
Tu n'en auras pas l'étrenne.

Je sais d'un devin
Qu'en dix-neuf cent vingt,
Grâce au droit héréditaire,
D'un prince Chiptou
Pauvre peuple indou
Tu deviendras tributaire.
Dans tes refrains
Si tu dépeins
Ta gêne,
On t'enverra
Raisonner à
Cayenne.
Ce n'est pas pour toi
Qu'on a fait la loi,
Tu n'en aura pas l'étrenne.

Madame ELISA FLEURY.

Imp. de Pollet et C\ r. S.-Denis, 380. (VERT.)

LA FÊTE DES DÉMONS.

Air de l'Auteur des paroles.

Eh gai ! sautons, chantons,
Les sorciers et les sorcières,
Eh gai ! sautons, chantons,
C'est la fête des démons.
Ah ! ah ! ah ! etc.

A moi les cris,
Sinistres bruits
　Des chouettes ;
Venez aussi
Danser ici,
　Squelettes ;
Accourez tous, démons du mal,
Chantons tous ensemble

Que l'enfer en tremble :
Nous appelons le bacchanal
Au banquet infernal !
Eh gai ! etc.

Quittez, ô corps
Des hommes morts,
Vos bières !
Amenez-les
A grands relais,
Sorcières ;
Prêtez-leur, prêtez sans délais
Vos chevaux magiques
Mais non élastiques,
Car nos chambres et nos palais
Ont besoin de balais.
Eh gai ! etc.

Prenez, Willis,
Pour vis-à-vis
Des gnomes,
Pour instruments
Vos ossements,
O Fantômes !

Chut! écoutez...— Qui parle là?
— C'est une ame en peine.
Oh! qu'elle est vilaine!
Mes amis, je suis la Polka,
J'ai tué l'Opéra.
Eh gai! etc.

  Vite éclatez,
  Retentissez
   Trompettes;
Tam-tam vibrez,
Allons, sonnez
  Clochettes;
Le naturel doit tuer l'art :
Par notre musique
Toute fantastique
Nous éclipserons sans retard
Les concerts de Musard.
Eh gai! etc.

 Quatre cents veaux,
 Six cents agneaux
  Rôtissent,
 Vins de Bordeaux
 Dans leurs tonneaux
  Mugissent

Pour griser tous les diablotins
Démons et sorcières ;
S'il manque des verres,
Nous boirons tous les meilleurs vins
Dans des crânes humains.
Eh gai ! etc.

Qu'est-ce cela ?
Qui donc vient là ?
Que diantre !
C'est un esprit
Triste et contrit !
Qu'il entre.
C'est un journal ! quel triste sort !
C'est l'*Écho lyrique !*
La chose est comique,
Il nous revient en esprit fort ;
Il est donc déjà mort !

Eh gai ! sautons, chantons,
Les sorciers et les sorcières ;
Eh gai ! sautons, chantons,
C'est la fête des démons.
Ah ! ah ! ah ! etc.

GUSTAVE LEROY.

LAIS !

Air de Maître Adam.

Laïs, j'ai paré ma couche
Des fleurs qui flattent tes yeux ;
Viens... approche... que je touche
Et baise tes longs cheveux ;
Laisse-moi chercher à lire
Dans ton regard velouté
Ce qu'il cache de délire
Et promet de volupté.

Laïs, tu sais être belle,
Et, faite pour les amours,
Pourquoi faire la rebelle
Et perdre tes plus beaux jours ?

Rends caresse pour caresse...
Le temps presse, dépêchons :
L'avenir c'est la vieillesse,
Le temps vole et nous marchons.

Laïs, en penseur morose
Quand j'ai parlé de vieillir,
Ta joue, alors fraîche et rose,
Aussitôt vint à pâlir :
O ma naïve maîtresse !
L'amour double les instants :
Aimons-nous... que notre ivresse
Nous fasse oublier le temps.

Laïs, eh quoi ! tu repousses
Mon visage loin du tien !
Tu frappes... tes mains sont douces,
La colère te sied bien ;
Tu retombes épuisée...
Tu résistes vainement...
Ton haleine est embrasée,
Laïs... je suis ton amant.

CHARLES GILLE.

L'ÉTIQUETTE

EST SUR LE PAQUET.

Air : On dit que je suis sans malice.

Sur le vin, la gloire et les roses
On a déjà dit tant de choses,
Que chacun nourrit le projet
De traiter un nouveau sujet (*bis.*) ;
Moi qui depuis longtemps exerce
Dans le monde et dans le commerce,
J'ai saisi ce dicton coquet :
L'étiquette est sur le paquet. (*bis.*)

Voulant écraser le mérite,
Souvent la sottise s'abrite
Sous la dignité d'un blason
Ou sous une riche toison ;

Mais la phrase hardiment placée,
Comme la mise recherchée
N'apportent qu'un voile indiscret :
L'étiquette est sur le paquet.

Longtemps Lise, par son adresse,
Fut un modèle de sagesse,
Et, pour le jurer devant Dieu,
Chacun eût mis sa main au feu ;
Mais cette erreur du voisinage
Changea bientôt en badinage ;
Car l'amour vint mettre en secret
L'étiquette sur le paquet.

Comment ne pas rire au langage
De ce bon curé de village
Qui semble racheter si cher
Des autres les peines d'enfer ;
Lorsque, prêchant sur l'abstinence,
Aux assistants sa lourde panse
Laisse voir, à son grand regret,
L'étiquette sur le paquet.

Petits oiseaux, quand de blocage
On vient entourer votre cage

Sous prétexte que de vos tours
Vous pourrez braver les vautours,
En payant jusqu'à l'allumette,
Faudra-t-il encor qu'on vous mette,
Pour vous éclairer tout-à-fait,
L'étiquette sur le paquet ?...

Puisque sur terre tant de monde
Depuis plus de mille ans abonde,
On ne peut donc disconvenir
Que, n'y devant pas revenir,
Probablement, pour le voyage
Lorsqu'il nous faut plier bagage,
Redoutant une erreur, Dieu met
L'étiquette sur le paquet.

GABRIEL.

Dans la troisième livraison, la chanson du *Roi François* devait être signée :
CHARLES GILLE.

Dans la chanson du *Cabaret des Trois-Lurons*, au lieu de *trompe avinée*, lisez : *troupe avinée*.

LE BRIGAND DES PYRÉNÉES.

Air de la ballade de Marie Tudor (de Gustave Héquet).

Je suis fils des montagnes :
Le ciel pur et brillant,
Le ciel chaud des Espagnes
Me fit un sang bouillant !
Oui, certes, j'ai dans l'ame
Tous les feux de l'enfer ;
 Un cœur de flamme !
 Un bras de fer !

Je ne sais si ma race
Courba jamais le front ;
Mais je sais qu'il ne passe
Sur le mien nul affront.
Tout haut je les proclame
Mes titres nés d'hier :
 Un cœur de flamme !
 Un bras de fer !

Ainsi que la lumière
J'ai, sans peur des jaloux.
La liberté première
Que Dieu créa pour tous ;
La servitude infâme
Heurtait mon cœur fier,
    Mon cœur de flamme !
    Mon bras de fer !

Je n'ai flatté personne
Ni vendu ma sueur ;
Les biens que je moissonne
Sont dus à ma valeur
Libre, j'ourdis ma trame
Et féconde au grand air
    Mon cœur de flamme !
    Mon bras de fer !

Je ne vais pas dans l'herbe
Piller les pauvres gens ;
Mais une riche gerbe
M'appartient, je la prends !...
Sans crainte, après mon drame
J'irai chez Lucifer
    Rendre mon âme,
    Mon bras fer !

CHARLES REGNARD.

QU'ON EST BON ENFANT,

QUAND ON EST CONTENT.

<small>Air Par l'Auteur des paroles,
Boulevart du Temple à Paris. (Désaugiers.),</small>

Chers compagnons de la besace,
Corbleu ! faut repolir vos mœurs,
Car le monde éclairé se lasse
De vos ignorantes clameurs.
Dans votre tâche de misère
Quoi ! ne pourriez-vous donc enfin
Imiter l'humeur de bonheur
De ceux qui ne manquent de rien ?

Mon Dieu ! qu'on est donc bon enfant
Quand on est heureux et content !
    Qu'on est bon enfant
    Quand on est content !

Dans vos élans, votre langage,
Votre allure et mainte action,
Chacun peut deviner, je gage,
— Votre peu d'éducation :
Le moindre affront vous humilie,
Fut-il dans vos seuls intérêts ;
Les gens de bonne compagnie
N'y regardent pas de si près.
Mon Dieu ! etc.

On croirait, lorsque la fortune
Vient vous ravir par accident
Quelque part de votre pécune,
Que tous vont rester sous la dent ;
Mais nos gros bourgeois en leurs veilles
Vont au jeu perdre maint écu,
Puis dorment sur les deux oreilles
Comme s'ils n'avaient rien perdu.
Mon Dieu ! etc.

Si la tempête en son passage
Détruit l'espoir du laboureur,
Vous ne voyez en ce ravage
Que la disette et ses horreurs ;
Le spéculateur, sans alarmes,
Combat les importations,

Et trouve d'autant plus de charmes
Qu'il compte de privations.
Mon Dieu ! etc.

Du progrès de l'intelligence
Naît à peine un jet précurseur,
Que l'eau se dilate, ô puissance !
Et se transforme en producteur,
D'effroi ce miracle vous glace ;
Mais vos maîtres, sans embarras,
A la science rendent grâce
Pour le doux repos de vos bras.
Mon Dieu ! etc.

C'est qu'aussi votre humeur sauvage
Vous fait murmurer tour à tour,
Soit qu'on chôme ou bien qu'à l'ouvrage
Vous donniez quinze heures par jour ;
Le bureaucrate, plus traitable,
Travail ou non, tojours dispos,
Quitte le bureau pour la table
Et la table pour le repos.
Mon Dieu ! etc.

Lorsque Bellonne vous appelle
Dans la milice des pious-pious

Vous osez mettre moins de zèle
Que lorsque vous plantez vos choux ;
Suivez donc mieux la noble trace
Des enfants de vos épiciers
Qui, sans plainte, vont prendre place
Au régiment des officiers.
Mon Dieu !

Enfin, et j'ose vous le dire,
Votre entêtement est fatal :
Vieux, vous venez encor médire
De l'aumône et de l'hôpital ;
Que diable ! il faut qu'on se contente :
Vieux banquiers et vieux potentats,
Avec cent mille francs de rente,
Vivent et ne se plaignent pas.
Mon Dieu ! etc.

Puis quand l'ange de la colère
Prend son épouvantable vol,
Que la grande voix populaire
S'élève et fait trembler le sol,
Maint grand seigneur, en sa surprise,
Se dit : *Le peuple est-il hargneux !*

Il faudrait au moins qu'il nous dise
Ce qu'il lui faut pour être heureux

Mon Dieu ! qu'on est bon enfant
Quand on est heureux et content !
    Qu'on est bon enfant
    Quand on est content !

VINÇARD.

BAPTÊME
DE
PEPIN-LE-BOSSU.

Alors l'empereur Charlemagne,
La terreur du peuple saxon,
S'en revenait de l'Allemagne
Faire baptiser son garçon.
Or, pour célébrer son approche,
L'encens fumait sur chaque autel,
L'air frémissait d'un bruit de cloche,
Et le peuple criait : Noël !

Arrivé dans la capitale,
Sur son cheval gris pommelé,
Sur un trône d'or il s'installe,
Et découvrant son front pelé,

Il fait un discours qu'il termine
En abaissant les droits du sel.
Il les doubla sur la farine,
Et le peuple criait : Noël !

Ce fait il se dit, le bon père :
« Allons voir notre nouveau-né.
S'il me ressemble, et je l'espère,
Il doit être assez bien tourné.
A mes vassaux en prince sage
Faisons tout d'abord un appel ;
Il lui faut un riche appanage,
Et le peuple criait : Noël !

Voyant à sa progéniture
Un chef pas plus gros que le poing,
Il dit : sur le dos la nature
A rejeté tout l'embompoint.
Comme d'esprit et de malice
C'est, dit-on, un signe réel,
Bénissons Dieu dans sa justice,
Et le peuple criait : Noël !

Puis aux masses découragées,
Que les impôts affligent fort,

Nous jeterons quelques dragées
Aux dépens de mon coffre-fort.
Sur ses sujets un bon roi veille,
Quand nous avons sucé le miel,
Laissons la rayon à l'abeille,
Et le peuple criait : Noël ! »

Le maire, profond politique,
Au royal enfant pour cadeau
Offrit un glaive magnifique
Rivé prudemment au fourreau.
Les courtisans vantaient sa grace,
Prédisant d'un ton solennel
Qu'il saurait tenir de sa race,
Et le peuple criait : Noël !

Depuis, lorsqu'un royal baptême
Éveille la grande cité,
Soit pour le fils d'un roi qu'on aime,
Ou l'enfant d'un roi détesté,
Ce sont toujours mêmes louanges,
Même enthousiasme officiel ;
Les courtisans baisent les langes,
Mais le peuple crie-t-il : Noël !

GASPARD PICARD et CHARLES GILLE.

LE VRAI BONHEUR.

Air: Je reviendrai (Emile Debraux).

Les rêves creux aux ombres mensongères
Jamais pour nous, n'auront des ailes d'or !
Pourquoi courir au pays des chimères,
Pour un moment suspendons notre essor.
A l'orient, lorsque le jour pointille
Rendons hommage à son flambeau divin,
Que nous faut-il pour bien vivre en famille ?
Un peu d'amour, des roses et du vin.

Faibles mortels, sous la céleste voute
A pas comptés dépensons nos instants,
Que la raison nous verse goutte à goutte
Les gais ébats que nous ravit le temps ;

Si la folie à nos yeux est aimable,
Pour bien jouir pensons au lendemain;
Que nous faut-il pour un bonheur durable?
Un peu d'amour, des roses et du vin.

Pour colorer nos pénibles misères,
Un beau soleil parcourt l'immensité :
Et sur nos maux ses rayons tutélaires
Versent les dons de la divinité.
Lorsque sur nous s'épend sa bienfaisance,
D'un Dieu puissant nous douterions en vain ;
Que nous faut-il pour vivre d'espérance?
Un peu d'amour, des roses et du vin.

Quoique soumis aux mêmes lois sur terre,
Nous n'avons point même part au bonheur,
L'un, ici-bas, vit d'un mince salaire,
L'autre, en naissant, a fortune grandeur,
Différemment la bizarre nature
Traite ses fils sortis du même sein,
Que nous faut-il pour venger cette injure ?
Un peu d'amour, des roses et du vin.

Quand l'âge vient refroidir notre ivresse,
Heureux celui qui garde un souvenir
De la rosée où sa tendre jeunesse
Baignait alors d'espoir et d'avenir,
Le printemps fuit ; de nos belles journées
Un soir d'hiver remplace le matin ;
Que nous faut-il pour cacher nos années ?
Un peu d'amour, des roses et du vin.

Courage amis ! pour nous point de naufrage,
Dans le danger redoublons nos efforts :
Rameaux battus par les vents et l'orage,
La gaîté seule a droit à nos transports.
Douce amitié, bon vin, femme jolie !
Sur notre esquif embarquez-vous soudain :
Que nous faut-il pour bien passer la vie ?
Un peu d'amour, des roses et du vin.

Armand Vigier.

LA
CONFESSION D'UN VAURIEN.

Air : C'est le mirliton, mirliton, mirlitaine.

Bon pasteur si respectable,
Que j'ai méconnu longtemps,
Vous que l'on dit charitable
Pour les êtres repentans,
Débarrassez-moi du diable
Qui rit de mes cinquante ans.
    O divin pasteur !
Que de fois je fus coupable !
Absolvez donc un pécheur.

A côté de saint Ignace,
Je sais qu'avec votre aveu,
Pour obtenir une place
Il ne suffit pas d'un vœu ;
J'ai retourné ma besace,
Que sacrifierai-je à Dieu ?
    O divin pasteur !
Je n'ai plus qu'une paillasse !
Absolvez donc un pécheur.

Que d'œuvres philosophiques,
Soit en prose, soit en vers,
En se moquant des reliques,
M'ont mis l'esprit à l'envers !
Voltaire et d'autres classiques,
Ne sont que de grands pervers.
    O divin pasteur !
L'Église veut des pratiques !
Absolvez donc un pécheur.

Au tintement pacifique
De votre saint *Angelus*,
A Lise, sous le portique,
J'apprenais mes *Oremus*.

Ma méthode un peu lubrique
Rendait tous ses sens émus.
  O divin pasteur !
Lise aimait tant la musique !
Absolvez donc un pécheur.

Faut-il qu'ici je confesse
Qu'en un couvent introduit
Le démon avec adresse
Dans plus d'un lit m'a conduit.
Nonettes et mère abbesse,
En un mot j'ai tout séduit.
  O divin pasteur !
Qu'un vaurien a de tendresse !
Absolvez donc un pécheur.

Dans le temple où se goberge
Vénus au joli minois,
Pour que Cupidon m'héberge,
Dieu qu'il m'a fallu d'exploits !
Il me reste un peu du cierge
Qu'il alluma tant de fois.
  O divin pasteur !
J'y renonce pour la Vierge !
Absolvez donc un pécheur.

Quand mes poches étaient nettes,
Avec plus d'un libertin,
Le soir j'augmentais les dettes
Que je faisais le matin ;
J'ai plus bu de chopinettes
Que le grand saint Augustin.
    O divin pasteur !
Vous regardez vos burettes !
Absolvez donc un pécheur.

Enfin, d'une joie extrême
J'ai trop goûté les ébats ;
Regardez ma face blême
A l'affût d'un bon repas ;
Mon ventre sent le carême,
Le vôtre le Mardi-Gras.
    O divin pasteur !
Comme le bon Dieu vous aime !
Absolvez donc un pécheur.

— D'une coupable habitude
Pour corriger votre cœur,
Mon fils, épousez Gertrude,
C'est un ange de douceur.
— Quoi ! votre nièce, la prude,

Qu'on dit pleine... de ferveur?
 O divin pasteur !
La pénitence est trop rude!
J'aime mieux rester pécheur.

EUGÈNE PETIT.

LA CONVERSION.

Air connu.

Si tu veux
 Des chants joyeux,
 Lise, à plein verre,
 Verse au trouvère !
 Le bon vin et la beauté
Excitent la franche gaîté.

Oui, je me rends à ta logique,
Toujours la grisette a raison,

Je renonce au genre tragique
Et prends les grelots pour blason.
Es-tu contente, ma Lison ?
    Je cesserai d'écrire
    Ces longs vers désormais
    Qui te faisaient sourire.
    Nous allons rire... Mais,

        Si tu veux, etc.

Fuis loin d'ici, vaine science
A l'air froid, triste et compassé !...
Grâce à la folle insouciance,
Par l'espoir doucement bercé,
J'oublie à présent le passé...
    Vive la joie !!! au diable
    Embarras et chagrin !
    Mettons-nous vîte à table,
    Et retiens mon refrain :

        Si tu veux, etc.

Tandis qu'au pétulant champagne
Je vais donner la liberté,
Ah ! que la charité te gagne !
Déprisonne de ton côté

Les appas de la volupté...
   On souffre en servitude
   Par d'impuissants désirs,
   La liberté prélude
   Aux plus charmants plaisirs !

     Si tu veux, etc.

De tes épaules la parure
Est du moins celle de l'amour,
Ta longue et noire chevelure
En désordre tombe à l'entour ;
Sylphes légers lui font la cour.
   Démonesse gentille,
   Ange adoré des cieux,
   Vois le nectar pétille
   Au feu de tes grands yeux !

     Si tu veux, etc.

Je sens redoubler mon ivresse !
Nous sommes assez reposés...
Dans mes bras, c'est toi que je presse !
Que de baisers se sont croisés,
Donnés, pris, rendus, refusés !

Quelle divine extase
Produit cette liqueur !
Quelle ardeur vive embrase
Et ma tête et mon cœur !
    Si tu veux, etc.

Lors, à sa muse le poète
Ne pouvant plus faire un larcin,
L'amant avoua sa défaite,
Et de Lise admirant le sein,
Posa son front sur ce coussin.
    La rougeur le décore,
    L'aimable libertin
    Balbutiait encore
    A l'espiègle lutin :

    Si tu veux
  Des chants joyeux,
  Lise, à plein verre,
  Verse au trouvère !
Le bon vin et la beauté
Excitent la franche gaîté.

EMILE VARIN.

LES CHANTS DE L'ATELIER.

Air du Carnaval de Béranger.

Le jour paraît et la forge s'allume ;
Gais au travail, forgerons et limeurs,
Que nos chansons et le bruit de l'enclume
De ce quartier réveillent les dormeurs !
Le fer brûlant que l'acier ronge ou taille
Au goût des arts va bientôt se plier :
Sous nos efforts, tombez, fine limaille,
Au bruit joyeux des chants de l'atelier.

Du pauvre toit une lyre sonore
Chasse, en vibrant, cet ennui passager :
Disons les vers que notre France adore,
Chantons par cœur Debreaux et Béranger.
Eux comme nous s'endormaient sur le paille
Atteints des maux qu'ils nous font oublier.
Sous nos efforts, tombez, fine limaille,
Au bruit joyeux des chants de l'atelier.

De sa gaîté colorant notre histoire,
Ici Debraux fait à nos vieux soldats

Choyer l'amour, ou quitter après boire
Les doux plaisrs pour les rudes combats.
Devant les coups de l'ardente mitraille,
On croit encor les voir se rallier.
Sous nos efforts, tombez, fine limaille,
Au bruit joyeux des chants de l'atelier.

Les sots titrés, aux yeux pleins d'ironie,
Du travailleur respectent la fierté,
Quand Béranger des fleurs de son génie
De notre habit pare l'humilité.
D'un chambellan, roi de la valetaille,
La chaîne d'or n'est plus rien qu'un collier.
Sous nos efforts, tombez, fine limaille,
Au bruit joyeux des chants de l'atelier.

Mais l'un de nous, luron à large face,
Gagne la soif en chantant le Médoc ;
Il va d'un bond au cabaret d'en face,
Et triomphant rapporte un large broc.
Le petit vin sent un peu la futaille,
Mais à crédit nous savons l'oublier.
Pour notre écot, tombez, fine limaille,
Au bruit joyeux de chants de l'atelier.

EDOUARD HACHIN.

Imp. de Pollet et Cⁱᵉ r. S.-Denis. 380. (VERT).

NANETTE LA FLAMANDE.

Air : Ah! voilà la vie.

Baise-moi, Nanette,
    Nanette,
    Nanette,
Baise-moi, Nanette,
Pour chasser mon chagrin.

Ce pays de Flandre,
A mes sens émus,
N'offre rien de tendre,
Rien ! pas de doux jus.
Mais une grisette
M'a pressé sur son sein,
Blanc comme du satin.
Baise-moi, Nanette, etc.

Approche ta bouche,
Dans tes jeux ardents,
Que ma lèvre touche
Le bord de tes dents.
A perdre la tête,
Je perdrais mon latin,
Quand je n'ai pas de vin.
　Baise-moi, Nanette, etc.

Montre davantage,
A mon œil hardi,
Ce creux qui partage
Ton sein rebondi,
C'est pour qu'on y mette
Quelque peu de jasmin,
J'en ferai mon jardin.
　Baise-moi, Nanette, etc.

Ton cœur toujours tendre,
Craint de se donner,
Voudrais-tu me vendre
Ce qu'on doit donner.
Tu n'est pas nonette,
Et moi pas pélerin,
Donc quand rien n'est divin.
　Baise-moi, Nanette, etc.

Les rois vont en guerre,
Tuer des soldats,
Pour un coin de terre
Qu'ils n'obtiennent pas.
Veux-tu voir brunette,
Périr le genre humain,
Peuplons-le d'un bambin.
Baise-moi, Nanette, etc.

La pourpre environne,
Les grands potentats,
Moi j'ai pour couronne
Tes deux jolis bras;
Pour que la couchette,
Craquant un petit brin,
Mette un voisin entrain.
Baise-moi, Nanette, etc.

Narguant la tristesse,
Et les noirs desseins,
Des grands la richesse,
Et les médecins,
L'âme satisfaite,
Dans tes bras caressants,
Je veux vivre cent ans.

Baise-moi, Nanette,
    Nanette,
    Nanette,
Baise-moi, Nanette,
Et baise-moi longtemps.

Gustave Leroy.

LA VENGEANCE !

BALLADE.

Houra ! dévorons la distance !
    Oh ! je vais donc
De sang, abreuver ma vengeance !
    Point de pardon !

Va, mon coursier ! l'assassin de mon père,
A ma fureur ne saurait échapper,
Cours ! et bientôt je verrai, je l'espère,
Ton sabot noir dans son sang se tremper.

Je l'aperçois galopant dans la plaine :
Mon cœur frémit d'horreur et de plaisir !
   Vole ! ne vas perdre haleine,
  Si près du but de mon désir !
    Hóura ! dévorons la distance !
      Oh ! je vais donc
    De sang abreuver ma vengeance !
      Point de pardon !

Ah ! je te joins, infâme ! par moi-même...
De grâce, arrête ! un seul instant ! mais, non,
Délivre moi de l'affreux anathème
Qui dès demain, va peser sur mon nom.
Frappe ! accomplis l'arrêt que, plus sévère,
Ma conscience a porté contre moi.
    Hélas ! dans notre peine amère,
   Je suis plus à plaindre que toi !
   Que mes remords sous ta vengeance
     Expirent donc;
  Mais couvre, après, ma repentance
     De ton pardon !

Surpris, ému, l'orphelin sent s'éteindre,
(Sublime oubli, possible aux seuls chrétiens !)
Son ire ardente, et puis arrive à plaindre,
Le meurtrier du plus chéri des siens.

Enfin il dit, jetant son cimeterre,
En sanglotant et d'un ton solennel :
    Tu m'as tout ravi sur la terre;
    Moi, je veux te rendre le ciel !
    Ici mon cœur de sa vengeance !
        Fait l'abandon;
    A mon pardon, Dieu de clémence,
        Joins ton pardon.

On dit, de plus, qu'au même monastère,
Ces malheureux alors furent admis;
Que, se courbant sous une règle austère,
Bientôt après ils devinrent amis;
Qu'au même instant dépouillant l'existence,
Chacun obtint l'heureuse éternité !
    L'un par sa rude pénitence,
    Et l'autre par sa charité.
      A l'orphelin la voix sacrée,
        Dit : merci ! prends
      Place prés de l'âme égarée
        Que tu me rends

    Satan perdit en l'occurence
        Deux brebis : donc,
    Chrétiens, la meilleure vengeance,
        C'est le pardon.
                CHRISTIAN SAILER.

LA FEMME

A MON COUSIN MATHURIN.

Air du Curé de Pomponé.

Mathurin, tu t'es marié,
Ce parti n'est pas sage ;
Pour toi j'ai toujours parié
Un bon gros cocuage.
Quand j'entendis le tambourin,
J'ai maudi ta folie.
Ah ! mon cousin, mon cousin Mathurin !
Ta femme est trop jolie.

Le premier mois tout allait bien :
Ta femme, en femme sage,
Ne s'occupait jamais de rien,
Que des soins du ménage,
Le séducteur le plus malin
Perdait son temps près d'elle.
Ah ! mon cousin, mon cousin Mathurin !
Ta femme est trop fidèle.

Mais sa fidélité pourtant
Ne fut pas éternelle,
Puisqu'un jour je vins, et fis tant,
Que notre péronnelle,
En qualité de ton parrain,
Me reçut à sa table.
Ah ! mon cousin, mon cousin Mathurin,
Ta femme est trop aimable.

Or, depuis ce fâcheux moment,
Un feu couve en son ame ;
Je la caresse à chaque instant
Pour apaiser sa flamme ;
Sur le lit ou sur le pétrin,
Sur le cul d'une tonne.
Ah ! mon cousin, mon cousin Mathurin !
Ta femme est trop gloutonne.

La matoise prend goût au jeu,
Et dépasse les bornes,
Car elle se retient si peu
Qu'on voit pousser nos cornes.
A ta porte où j'ai fait grand train
Son autre amant m'échine.
Ah ! mon cousin, mon cousin Mathurin !
Ta femme est bien coquine.

ÉDOUARD RICHON.

LE CHANT DU TRAVAILLEUR.

Air : A la chasse, à la chasse, à la chasse,
Donnons la chasse à ses corbeaux.

Loin de nous sombres, troubles fêtes,
Clairons, tambours impétueux,
Tristes compagnons des tempêtes
Taisez vos sons tumultueux;
De paix, de joie, et d'espérance
Saluons le premier beau jour,
Peuple enfin ton règne commence,
Laisse échapper ton cri d'amour.

Chante, chante, travailleur chante,
Répands ton verbe créateur;
Chante, chante, travailleur, chante,
Tes chants annoncent le bonheur;
Non rien ne fait du bien au cœur,
Comme un refrain du travailleur.

En vain sur son char de victoire,
La guerre appelle tes élans,
Le prisme de sa vieille gloire
S'est brisé sous ses pieds sanglans.
Elle a d'assez de funérailles,
Payé la pourpre des Césars,
Couvre son rôle des batailles,
Dans tes ateliers, tes bazars.

 Chante, chante, etc.

Des beaux arts et de l'industrie,
Que toujours les accords divers,
Dans une sublime harmonie
Retentissent au sein des airs;
Ah! sous l'olivier pacifique
Qui sur tous étend ses rameaux.
Au bruit de la voix prophétique
Des enclumes et des marteaux.

 Chante, chante, etc.

C'est Dieu qui vers lui te convie
Et vient t'annoncer l'avenir,
Sous les pas de ta grande vie
Sens-tu la terre tressaillir,

De l'universelle alliance,
Pour serrer le nœud filial;
Elle attend que la providence,
Réponde à son sacré signal.

 Chante, chante, etc.

Spectacle imposant et sublime,
Vois-tu de tes vaisseaux flottants
La vapeur, sur l'immense abîme,
Narguer et dompter les autants.
Qu'à nos frères d'une autre rive,
Avec les fruits de ton labeur,
Exporte la gaîté naïve,
Des échos de ta franche humeur.

 Chante, chante, etc.

Qu'il est beau, qu'il est intrépide,
Le travailleur au cœur joyeux,
Son front de sueur est humide,
La paix de l'âme est dans ses yeux,
Va! sur tes plus vives alarmes,
La femme bientôt veillera,
Tu n'auras que de douces larmes,
Et l'amour seul les séchera.

Chante, chante, travailleur, chante,
Répands ton verbe créateur,
Chante, chante, travailleur, chante,
Tes chants annoncent le bonheur;
Non rien ne fait du bien au cœur,
Comme un refrain du travailleur,
 Ah! ah! la douleur,
S'enfuit au chant du travailleur.

VINÇARD.

PETITE BERGÈRE
ET
PETIT BERGER.

Aujourd'hui, puisque c'est dimanche,
Et le temps devient pluvieux;
Tâchons de prendre une revanche
Par quelque sujet gracieux :

Mais lequel? tiens! le mot fougère,
Semble venir me protéger;
Supposons petite bergère,
Attendant un petit berger.

Supposons aussi, que gentille,
Comme on l'est toujours à quinze ans,
Ses jolis yeux où l'amour brille
Lancent des regards séduisants.
A la fois, sensible et légère,
Prenant un cœur sans y songer,
Telle était petite bergère,
Qu'adorait un petit berger.

Mais d'un château du voisinage,
Vient à passer page charmant,
Qui par le plus adroit langage
Séduit bientôt la pauvre enfant.
Et sur promesse mensongère,
De voir son avenir changer;
Sans peine petite bergère,
Oublia le petit berger.

Comme tendre fleur qui déplore
Le zéphir qui vint l'effeuiller,
Et qui redoute de l'aurore
Les premiers feux qui vont briller

Le lendemain, dans sa chaumière,
Qui craignait de s'interroger ?...
C'était la petite bergère,
Regrettant son petit berger.

Souvent, ainsi que cette belle,
Nous abandonnons, mes amis
Pour suivre une étoile infidèle,
Le bonheur qui nous est promis.
Plus tard, regardant en arrière;
Il n'est plus, sachons y songer !
Pour nous, comme pour la bergère,
Ni bonheur, ni petit berger.

GABRIEL.

LA POÉSIE ET LA MUSIQUE (1).

Air : Le papillon qui respire la rose. (Bougnol).

Dans ce discord étant juge et partie,
D'en dire un mot j'aurais dû m'abstenir ;

(1) A propos d'un différend survenu entre des musiciens et des chansonniers.

Mais maintenant mon ame est convertie,
Oui, tout débat entre nous doit finir.
Quand le succès ouvre son grand portique
Tous les talents en trouvent le chemin.
La Poésie est sœur de la Musique,
Et tous les arts se tiennent par la main.

Oui nous raillons ces couplets à la glace,
Faits pour des airs cent fois trop dignes d'eux.
Oui nous voulons que le vrai beau remplace
Ces vers si froids, si plats, si langoureux,
Que le poète à réussir s'applique,
Qu'à ces accords il crée un lendemain.
La Poésie est sœur de la Musique,
Et tous les arts se tiennent par la main.

Oui, nobles sœurs de nos anciennes gloires,
Vous nous pouvez réclamer large part ;
Qui sait combien valurent de victoires
La Marseillaise et le Chant du Départ.
Nous attendons qu'un autre chant unique
Vienne briser les fers du genre humain,
La Poésie est sœur de la Musique,
Et tous les arts se tiennent par la main.

Gloire à Wilhem ; il vient, il fertilise,
Éclaire, étend notre goût musical.
Grâces à lui, dans la rue, à l'église,
Peuple à son tour donne un concert vocal.
Cette union des voix est prophétique :
Tous ces cœurs-là pourront s'unir demain.
La Poésie est sœur de la Musique,
Et tous les arts se tiennent par la main.

Nous solderions tous les frais d'une guerre
Qui commença sous un risible aspect.
Donc entre nous plus de mépris vulgaire,
Nous nous devons indulgence et respect.
Fuis, fuis, bien loin nuage satyrique,
Tu ne saurais assombrir cet hymen.
La Poésie est sœur de la musique,
Et tous les arts se tiennent par la main.

Charles Gille.

Imp. de Pollet et Cᵉ r. S.-Denis, 380. (VERT)

A LISETTE.

Air : Allons, reprenons nos flons-flons. (Jules Leroy.)

Zon, zon zon,
Baise-moi, Lison,
Ma Lisette,
Ma grisette,
Zon, zon zon,
Baise-moi Lison,
A nous les fleurs et le gazon.

Lisette accours,
Et des cours
Quittant l'entourage
Des palais,
Les valets
Sont trop laids
Fuyons-les ;
Ici l'on voit
Sous un toit

Du plus frais ombrage,
Les piverts
Les plus verts
Et la feuille à l'envers
Zon, zon, etc.

Si le printemps
N'a qu'un temps
Pour charmer la vie,
Usons-en
En faisant
Le présent
Amusant,
Quand le désir
Vient choisir
Notre ame ravie
A saisir
Le plaisir,
Usons notre loisir.
Zon, etc.

Pour le vieillard,
Peu gaillard,
Dont l'ardeur flétrie
N'est souvent
Que du vent,
En avant

Le divan
Pour nous des fleurs
Les couleurs
Et que la prairie ;
Aux beaux jours
Des amours
Nous serve de velours.
Zon, etc.

Si dans un pré
Diapré
Un garde champêtre
Accourant
Nous surprend
Folâtrant
Et nous prend
En amoureux
Vigoureux
Envoyons-le paître ;
Puis après
Tout exprès
Serrons-nous de plus près.
Zon, etc.

Point de souci
Dieu merci
Quand l'amour s'en mêle

Le tourment
N'est vraiment
Qu'un charmant
Changement;
Oui le chagrin
N'est qu'un grain
Qui fond comme grêle;
Sous les jeux
Sous les feux
Que l'on allume à deux
Zon, etc.

Ft des jaloux
Entré nous
Jamais de querelles
De débats
De sabbats
De combats .
Ici bas
Mais aux chansons
Des pinçons
Et des tourterelles,
Unissons
De doux sons
A l'ombre des buissons.
Zon, etc.

Ne craignons pas
    Le trépas,
Jamais ta folie
    Ne flétrit,
    Ne périt
    Elle rit
    A l'abri,
    Rions aussi,
    Et puis si
La mélancolie
    Veut venir,
    Pour la fuir
Mourons pour revenir.

    Zon, zon zon,
Baise-moi, Lison,
    Ma Lisette,
    Ma grisette,
    Zon, zon, zon,
Baise-moi, Lison,
A nous les fleurs et le gazon.

JULES LEROY.

CE PRÉCEPTE

EST SACRÉ POUR MOI.

Air: Ce que j'éprouve en vous voyant.

Enfant d'un Dieu consolateur
Qui nous invite à la clémence,
Laissons à chacun sa croyance ;
Qu'on adore son créateur
Selon son goût, selon son cœur.
Eh ! mon Dieu, que te fait le rite
Dans lequel on bénit ta loi ?
Être bon, voilà le mérite,
Ce précepte est sacré pour moi.

Prenons pour guide le plaisir,
De fleurs parons notre couronne,
Mais ne blessons jamais personne,
Sachons satisfaire un désir

Sans y laisser le repentir ;
Celui qui flétrit l'existence,
D'un cœur qu'il rangea sous sa loi,
Lègue un crime à sa conscience,
Ce précepte est sacré pour moi.

Que font les titres fastueux ?
La vertu plus que la naissance,
Établit une différence ;
On brille moins par ses aïeux
Que par des actes généreux.
Aider à la cause commune,
De Dieu c'est accomplir la loi,
On doit toujours à l'infortune,
Ce précepte est sacré pour moi.

Frères, greffons sur l'avenir;
Le fruit de notre expérience ;
Formons une sainte alliance
Qui puisse enfin nous affranchir
Du bras qui veut nous asservir;
Chassons le honteux privilége
Qui vit à l'ombre de la loi.
N'aimer que celui qui protége,
Ce précepte est sacré pour moi

TROISVALLETS.

MOMUS EN COLÈRE.

Air : C'est un lanla, etc.

Momus à la rouge trogne,
Hier, pâle de courroux,
M'a dit : enfans sans vergogne
Quel métier fait-on chez vous ?
L'on a brisé ma musette...
Qui donc me réveillera
Par un lanla landerirette
Par un lanla landerira ?

Vous grimpez dans les nuages
Pour dépeindre votre ardeur,
Vous en faites des images
Dont l'Amour frémit d'horreur...
Pour séduire une grisette,
Quel refrain réussira ?
C'est un lan la, landerirette,
C'est un lanla landerira ?

Le chant anacréontique
Vous paraît décolleté,
Et sur un air de cantique,
Vous chantez la volupté...
Mais toujours une coquette,
En secret appréciera
Un gai lan la, landerirette,
Un gai lanla, landerira.

La chanson devient bégueule
Et pince du subjonctif ;
Mais Vadé, le riche-en-gueule,
Était plus récréatif ;
Piron chanta la goguette
Et Piron nous restera !
Grâce au lanla, landerirette,
Grâce au lanla landerira.

On châtre le vaudeville
En lui rognant ses couplets ;
C'est un beau char inutile
Dont on a coupé les traits...
Ces traits de la chansonnette
Qui donc les rattachera
Aux vieux lanla, landerirette.
Aux vieux lanla landerira.

Nos pères à la guinguette
Se faisaient un point d'honneur
De vider mainte canette,
De remplir maint petit cœur;
On peut y perdre la tête...
Oui, mais Panard y trouva
Tous ses lanla, landerirette,
Tous ses lanla landerira.

Ils dansaient sur la coudrette,
Ils chantaient sous les ormeaux ;
Les fleurs servaient de couchette
Et les branches de rideaux...
Flore en grognait en cachette;
Mais Désaugiers l'appaisa
Par un lanla, landerirette,
Par un lanla, lander ra.

Du hochet de la folie
Chaque jour tombe un grelot
Et, dans des flots d'eau rougie,
L'esprit se noiera bientôt..,
Couronnez votre burette
D'un vin pur, et videz-la !
Remplissez-la, landerirette
Et la gaîté débordera !

ADRIEN DECOURCELLES.

PARIS ESPÈRE.

Air : Ami chez vous la gaîté renaîtra (Béranger.)

Paris ! cesse tes chants de deuil,
    Crainte fatale,
   O ma ville natale
Les rois dont tu blesses l'orgueil,
En vain bâtiront ton cercueil
Pour vaincre la force brutale,
La raison vient, elle triomphera.
La liberté dans tes murs reviendra.

Le chêne de la royauté
    Au bras immense
   Porte au loin sa semence ;
Le grand, sous sa feuille abrité,
Ose nier l'égalité ;
Le peuplier d'indépendance
Prend sur ton sol, sur ton sol il croîtra.
La liberté dans tes murs reviendra.

Victime de mille exploiteurs
      On te contemple,
    Allons, fais un exemple
Des juges prévaricateurs
Et des avides sénateurs;
Chasse tous ces marchands du Temple,
Quand l'équité sur leurs bancs siègera
La liberté dans tes murs reviendra.

Essuyant les pleurs d'une main,
      De l'autre lève
    Et fais briller ton glaive.
Des Alpes on sait le chemin,
Tes fils passèrent le Niémen,
De César mort poursuis le rêve,
Quand la victoire en courant les suivra.
La liberté dans tes murs reviendra.

Ton César n'était qu'un tyran !
      Gloire à sa gloire
    Et paix à sa mémoire ;
Si tu veux reprendre ton rang
Que ce soit pour un but plus grand,
A ton influence ose croire,
Marche, et le monde après toi marchera.
La liberté dans tes murs reviendra.

Paris ! cesse tes chants de deuil
Crainte fatale,
O ma ville natale!
Les rois dont tu blesses l'orgueil
En vain bâtiront ton cercueil;
Pour vaincre la force brutale,
La raison vient, elle triomphera.
La liberté dans tes murs reviendra.

CHARLES GILLE.

ERRATA.

Dans la 6ᵉ livraison, chanson de Nanette, au lieu de : craint de se donner, lisez : craint de se damner.—Dans le Chant du Travailleur, au lieu de: rôle des batailles, lisez : râle des batailles; et même chanson, qu'à nos frères, lisez : à nos frères.—Dans la Poésie et la Musique, peuple à son tour, lisez : peuple à ton tour ; au lieu de : chant unique, lisez : chant civique.

UN ÉTAT PERDU.

DIALOGUE SUR LE TROTTOIR.

Air Mon rapport est parfait (Chanu.)

Quoique l'état ne manque pas d'appas,
Foi de Margot, si ça ne reprend pas,
 Je m'expatrie
 Ou bien je me marie,
 Il faut enfin
 Que je fasse une fin.

« —Margot, comment va le commerce ? »
—Ah mon cher ne m'en parle pas,
Depuis quinze ans que je l'exerce
Je ne l'ai jamais vu si bas.
 Quoique l'état, etc

« N'avez-vous donc plus la pratique
Des marguilliers, et cœtera ?...
—Las ! tout l'argent de la boutique
Passe aux ténors de l'Opéra.
 Quoique l'état, etc.

« La noblesse vous indemnise? »
—Là, c'est bien un autre chiendent !
Le nouveau noble économise,
L'ancien pleure son prétendant.
  Quoique l'état, etc.

« Oui, mais vous avez, mes poulettes,
Les lions du quartier d'Antin... »
—Les danseuses et les lorettes
Ne nous laissent que le fretin.
  Quoique l'état, etc.

«Le commerçant... »— autre mécompte,
Il prend tout par abonnement !
Et retient quatorze d'escompte...
En cas de quinte apparemment.
  Quoique l'état, etc.

« Les commis... »—Ils ont la grisette,
Espèce de petit vaurien
Répondant au nom de Lisette,
Et qui leur donne tout pour rien.
  Quoique l'état, etc.

« L'artisan sur ce qu'il épargne... »
—Bah ! l'accoste-t-'on en passant :
« Je viens de la caisse d'épargne »

Vous répond-t-il d'un air décent.
  Quoique l'état, etc.

« Et les débutants, mes brunettes... »
— C'est une désolation,
Depuis que les femmes honnêtes
S'adonnent à l'instruction.
  Quoique l'état, etc.

« Espère encor, quelqu'un s'avance...
— Je rentre, ce sont des troupiers,
Et les soutiens de notre France
Ne sont chargés... que de lauriers.

Quoique l'état ne manque d'appas
Foi de Margot, si ça ne reprend pas,
  Je m'expatrie
  Ou bien je me marie,
  Il faut enfin
  Que je fasse une fin.

FERDINAND SERÉ.

Imp. de Pollet et C° r. S.-Denis, 380. (VERT.)

LE RETOUR DU CROISÉ.

BALLADE.

Motif de l'ouverture de Lestocq (d'Auber).

O châtelains et châtelaines!
Voyez arriver par les plaines,
De butin les mains toutes pleines
Votre noble et féal seigneur.
O Damoiseaux et Damoiselles!
Chantez du haut de vos tourelles
Et dites aux échos fidèles
    Ah! quel houneur!
    Ah! quel bonheur!

Sur sa belle cavale grise
Qui caracole dans la brise
Qu'il est beau revêtu de son armet d'acier!
Voyez-vous sa cotte de mailles

Que fracassèrent cent batailles
Et son heaume qui bat les flancs de son coursier?
O châtelains et châtelaines! etc.

Qu'il devait avoir bonne mine
Lorsqu'il était en Palestime
Guerroyant valeureux contre les mécréants!
Car il icrcule dans ses veines
Le noble sang des capitaines :
Notre seigneur et maître, est issu des géants!
O châtelains et châtelaines! etc.

Faites résonner la fanfare,
Allons, varlets, qu'on se prépare!
Videz tous les bahuts et chargez le dressoir ;
Déjà le pont-levis s'abaisse,
A vos postes héraults, qu'on laisse
Entrer dans le castel tous les manants ce soir.
O châtelains et châtelaines! etc.

On n'en croirait pas notre bouche ;
Il faut qu'à présent chacun touche
Son bouclier d'airain et sa lance de fer;
Oui nous voulons qu'on rende hommage
A son grand cœur, à son courage,
Et que d'être vassal on se proclame fier.
O châtelains et châtelaines! etc.

Puisque par son intelligence,
Par sa force et par sa puissance,
Il a fait respecter les lois de son pays,
Qu'on le vénère et qu'on l'honore ;
Manants, le nom qui le décore
Il le doit à son bras; soyez-lui donc soumis.
O châtelains et châtelaines! etc.

Par un inexplicable crime,
Oh! si plus tard il vous opprime,
Au lieu de vous couvrir des droits qu'il a reçus,
Sapez son castel en sa base;
Manants, sous ses murs qu'on l'écrase.
Manquez à vos devoirs s'il manque à ses vertus!

O châtelains et châtelaines!
Voyez arriver par les plaines,
De butin les mains toutes pleines
Votre noble et féal seigneur ;
O Damoiseaux et Damoiselles!
Chantez du haut de vos tourelles,
Et dites aux échos fidèles :
  Ah! quel honneur
  Ah! quel bonheur!

CHARLES REGNARD.

CE QUI SURPASSE

L'IMAGINATION.

Air: Vive le naturel de Chanu.

Quand j'ai lu le grand maître,
Je ne me sens pas naître
Une faible inspiration ;
Mais guidé par l'audace,
Et bravant la dérision,
Chantons ce qui surpasse
L'imagination.

Si l'ame émerveillée,
Vers la voûte azurée
Je reste en contemplation,
Je me perds dans l'espace
En mainte supposition.
Voilà ce qui surpasse
L'imagination.

Dans l'or ou la misère
Nous passons sur la terre
Comme la vaine illusion ;
Nous nous cédons la place,
Tous sans aucune exception.
Voilà ce qui surpasse
L'imagination.

A peine en son ménage,
Un mari fait tapage,
Maudissant la sage union ;
Que sa femme trépasse,
D'une autre il prend possession.
Voilà ce qui surpasse
L'imagination.

L'opulent considère
Notre classe ouvrière
Comme basse condition ;
Appeler basse classe,
Le ciment de la nation !
Voilà ce qui surpasse
L'imagination.

La croix fut inventée
Pour être méritée

Par une sublime action ;
  Aujourd'hui l'homme en place
Porte la décoration.
  Voilà ce qui surpasse
    L'imagination.

Laissant la politique,
  On chante le bachique
Sans sortir de la question :
  Car à ce qui se passe
Nul ne doit faire attention.
  Voilà ce qui surpasse
    L'imagination.

NADOT.

UNE NUIT DE HUSSARDS.

BALLADE.

Air : Bon villageois, séparons-nous (de Blondel).

De sang plus altéré qu'un loup,
Comme un lion ardent et brave,
Malheur à l'ennemi qui brave
La grande charge de Lulzow.

Il faisait noir cette nuit-là,
Si noir qu'on n'eût pas vu son ombre,
Sans nuancer l'horizon sombre
Le vieux régiment défila.
Huzza (6 fois)!
De sang, etc.

— Marchons, nul ne nous attendra.
— Le vent chante dans le feuillage.
— Il fait froid. — Près du feu je gage.
La sentinelle dormira.
Huzza (6 fois)!
De sang, etc.

Une voix dit : qui vive! holà!
De me répondre je vous somme.
On fit feu : lors, comme un seul homme,
Tout le camp français s'éveilla.
Huzza (6 fois)!
De sang, etc.

Un carré de fer se forma,
Il reçut la vivante trombe ;
Il s'ouvrit, mais comme une tombe
Sur les hussards il se ferma.
Huzza (6 fois)!
De sang, etc.

Rendez-vous ! — Nul ne se rendra ;
— Sous le fer ton cheval se cabre.
— De la baïonnette ou du sabre
Nous verrons qui l'emportera.
Huzza (6 fois) !
De sang, etc.

. . . .

Ton cœur maternel saignera ;
Tes fils sont ravis à ta vue.
Le grand FRÉDÉRIC en revue
Demain au ciel les passera !
Huzza (6 fois) !

De sang plus altéré qu'un loup,
Comme un lion ardent et brave,
Malheur à l'ennemi qui brave
La grande charge de Lulzow.

CHARLES GILLE.

DITHYRAMBE.

Air : Comme faisaient nos pères.

Je chante ce joyeux troubadour
    Assis près de ma Rose,
    Ce nectar dont m'arrose
La main lutine de l'amour.
      Jamais nos belles
      Ne sont rebelles
Lorsqu'en chantant nous buvons auprès d'elles.
    Mais en trinquant sur nos genoux
    Elles se roulent avec nous
En redisant : versez ce jus si doux.
    Que le bon vin s'entonne,
    Armons-nous dès l'automne
D'un gobelet large comme une tonne.

Lorsque je bois mon petit coup,
    Je voudrais pour ma gloire
    Que le Rhône et la Loire

Pussent me passer par le cou,
    Et que mon ventre
    Fut comme un antre,
Vide toujours, où toujours le vin entre.
    Par Bacchus, j'aimerais à voir
    Le Bordeaux, le Beaune pleuvoir,
    Si l'Océan était mon réservoir.
       Que le bon vin, etc.

Je voudrais, charmant biberon,
    Quand mon gosier s'altère,
    Que sur toute la terre
Tout homme se fît vigneron.
    Pour la vendange,
    Que l'on arrange
Tout en cellier, maison, remise, grange;
    Pour boire du matin au soir,
    Chacun en rond venant s'asseoir,
Les magistrats siégeraient au pressoir.
       Que le bon vin, etc.

Mes amis, est-il étonnant,
    Quand ici-bas tout vire
    Que parfois je chavire
En foulant ce globe tournant?
    Et d'ailleurs ivre,
    Il fait bon vivre,

Au gai plaisir l'ame heureuse se livre;
La vie est un triste chemin,
Où, dans l'espoir d'un lendemain,
Le voyageur s'engage un verre en main.
Que le bon vin, etc.

Lorsqu'au sombre bord emporté
J'aurai clos la paupière,
Je veux griser saint Pierre
Aux portes de l'éternité,
Et qu'il commence
Une romance,
Quand il aura vidé sa coupe immense.
Je veux qu'enfin ce bon portier
Abandonne son vieux métier,
Et que des cieux il soit cabaretier.
Que le bon vin s'entonne,
Armons-nous dès l'automne
D'un gobelet large comme une tonne.

G. C. Picard.

La chanson MA LISETTE (7ᵉ livraison) a été signée par erreur Jules Leroy; elle devait être signée Édouard-Félix Bouvier.

LE PASSÉ.

Air: Lise, tu veux que ma muse fredonne.

Vous souvient-il de nos belles journées?
O mes amis! quel heureux avenir
Nous souriait aux heures fortunées
Où me reporte un constant souvenir!
Riches d'espoir, de gaîté, de jeunesse,
Libres d'ennuis nous courions au plaisir;
Moments si doux, dont j'ai goûté l'ivresse,
Mon cœur en vain voudrait vous ressaisir.

Quand le dimanche achevant la semaine
Vous faisait voir le soleil plus joyeux,
De vos ennuis vous déposiez la chaîne;
L'éclair soudain jaillissait de vos yeux.
Mon livre alors me paraissait maussade,
Au cabaret j'accourais sur vos pas:
Et d'un refrain marquant chaque rasade,
De les compter nous ne nous lassions pas.

Mais de Bacchus l'heure passait rapide,
Le soir venait qui réveillait l'amour.
Chacun de nous, avec ce Dieu pour guide,
Disparaissait quand s'éteignait le jour.
Souvent du fond d'une ombreuse retraite
J'ai vu pâlir l'étoile du matin...
Qu'allais-je dire? étoile sois discrète,
Soyez muets, grands arbres du jardin.

Ciel enchanteur de mes jeunes années,
Un long nuage à voilé ton azur,
De mon printemps les fleurs tombent fanées,
Vous avez fui bonheur simple, amour pur;
Ah! qu'ils sont loin ces moments de la veille:
Un jour souvent voit notre cœur vieillir.
Quand du plaisir la grappe était vermeille
Heureux du moins nous sûmes la cueillir.

Louis Verberie.

LE TESTAMENT

D'UN VIEUX GARÇON.

Air : du Mirliton.

Venit Mors, au nom du Père,
Du Fils et du Saint-Esprit :
Je lègue aujourd'hui, notaire,
Mon bien devant Jésus-Christ ;
Non point à ceux qui, mordienne !
M'ont traité de vieux dindon,
C'est à la dondon, la dondon Madeleine,
Que j'en veux faire abandon.

Primo : La bourse de soie
Que j'eus d'un ancien ami,
Et dont pour chômer en joie
Ma fête à la saint Remi,
Madelon l'épicurienne.
Rompit vingt fois le cordon ;
C'est à la dondon, la dondon Madeleine,
Que j'en veux faire abandon.

Secundo: Mon thermomètre,
Ma canne et mon vieil Azor,
Six couverts, huit draps de maître,
Ma boîte et ma montre en or.
Et quoiqu'un jour, la vilaine
Ait gâté mon édredon,
C'est à la dondon, la dondon Madeleine,
Que j'en veux faire abandon.

Tertio : J'ai là sans tache
Un missel en veau doré,
Comme un jour à Saint-Eustache,
J'ai vu près de son curé.
J'ai vu la pauvre chrétienne
Sonner trois fois son bourdon.
C'est à la dondon, la dondon Madeleine,
Que j'en veux faire abandon.

Quarto : Je lègue à ma bonne
Mon manchon, mon perroquet,
Six chemises de cretonne,
Que, dehors de son baquet,
Pour ne point la mettre en peine,
J'empesais à l'amidon.
C'est à la dondon, la dondon Madeleine,
Que j'en veux faire abandon.

Ajoutez à ces articles.
Mon Christ et mon bénitier,
Une paire de bésicles,
Ma timbale et mon psautier,
Un vieux flageolet d'ébène
Qui joua maint rigodon.
C'est à la dondon, la dondon Madeleine,
Que j'en veux faire abandon.

Nota : J'ai dans ma cassette,
J'ai de quoi la marier,
Soit avec son vieux trompette,
Son tambour ou son lancier,
Son fifre ou son capitaine,
Son gendarme ou son guidon.
C'est à la dondon, la dondon Madeleine,
Que j'en veux faire abandon,

JULIEN LEGROS.

Imp. de Pollet et Ce. r. S.-Denis, 380. (VERT).

Y' A QUEUQ' CHOSE

LA-DESSOUS.

Air : N' perdez pas vos chiens.

Depuis longtemps j'étais triste,
 Quelquefois rêveur ;
Dans mon rôle d'humoriste
 J' fuyais un buveur.
Le chagrin était ma rente,
 N'ayant pas deux sous.
Aujourd'hui pourtant je chante...
 Y' a queuq' chose là-d'sous

Muni d'un billet d' parterre,
 Au Théâtr' Français
J' voulus voir pour me distraire,
 La pièce à succès.

L'un déclame, l'autre crie,
   Et nous sifflons tous.
Est-ce un drame, un' parodie ?
   Y a queuq' chos' là-d'sous.

Bonnod, qu'on n'attendait guère,
   Trouve dans son lit
Sa brunette ménagère,
   Qui s'excuse et dit :
Je suis malad', je t' l'assure ;
   L'époux en courroux
Dit : J' vois r'muer la couverture,
   Y a queuq' chose là-d'sous,

Un Anglais, sur le qui vive,
   N'y voyant plus clair,
En attendant son convive
   Se grisait d' porter.
Il vint, mais d' son hôte aimable,
   Connaissant les goûts,
Dit : n' le voyant plus à table...
   Y a queuq' chos' là-d'sous.

L' fameux Almanach de Liége
   Prédit tous les ans,

Qu'oiqu' ben assis sur leur siége,
  La fin des méchants.
La liberté, c'te déesse,
  Est promise à tous,
Qui donc la retient sans cesse?
  Y a queuq' chos' là-d'sous.

De Pierr' la fille Jacqu'line,
  Depuis cinq ou six mois
A perdu sa fraîche mine
  En r'venant du bois;
De c' malheur chacun s'occupe,
  Car on dit tretous,
En voyant enfler sa jupe...
  Y a queuq' chos' là-d'sous.

Quand viendra mon heur' dernière
  Pas de noirs apprêts,
Pas d' bruit; une simple pierre
  Avec vos regrets;
De mes péchés en ce monde
  Si je suis absous,
Que l'on se dise à la ronde
  Y a queuq' chos' là-d'sous.

E. LECLERE.

UN FORBAN.

Musique de Jules Barbot.

Nous sommes en croisière
Du pôle à l'équateur,
Et nous faisons la guerre
A tout navigateur.
Notre vieux lougre agile,
    Qui file, file
 Sur l'Océan dompté,
 O pauvre liberté !
Est ton dernier asile...

Je ne connais, amis, que le droit du poignard
Ma patrie est partout, et mon dieu nulle part.

    Diable ! mais je me trompe :
    J'adore les sequins.
    Avant qu'on ne nous rompe,
    Comme fieffés coquins,
    Courons, fléaux nomades,

   Dans nos croisades,
   Empocher en tous lieux
   Ces jolis petits dieux.
   Mes dignes camarades,

Je suis sans préjugés, sans fortune, et bâtard,
Et mes dieux sont partout, mon pays nulle part.

       Christian Sailer.

MON BEAU-FRÈRE CHION.

Air : *Car j'ai d' tout ça dans ma maison.*

J' vous fais part que ma sœur Jacqu'line
Est mariée au moins d'puis six mois ;
Je fis c' mariage à la sourdine,
Parc' que j' doutais d' l'objet d' son choix.
Mais d'puis que j' vois qu' c'est un modèle
Du tout dans la perfection,

Partout j' m'empresse, avec zèle,
D' chanter mon beau-frère Chion.

Le nom de mon très cher beau-frère
N'est pas, j'en conviens, très flatteur.
Pourtant à ma sœur il sut plaire,
Et j'en ai ri de bien bon cœur ;
Surtout, quand d'une voix touchante,
Il lui t'nait ce tendre discours :
Me serez-vous toujours constante?
Ma sœur disait : Chion, toujours !

Craignant pour l'honneur de Jacqu'line,
Un jour j' pri' l'amant d' déguerpir ;
Mais v'là-t-il pas qu'ell' s'en chagrine,
Au point qu'elle en faillit mourir.
Ah! ça, me disait-elle, infâme,
Malgré tout c' que tu m' fais souffrir,
J' n'en aim'rai pas moins d' tout' mon ame
Chion jusqu'au dernier soupir.

De son désespoir, de ses larmes,
J' fus touché jusqu'au fond du cœur.
Calme, lui dis-je, tes alarmes,
Allons, j' consens à ton bonheur.

Soudain à l'objet de sa flamme,
Elle écrivit ces mots si doux .
On veut bien que j' devienn' ta femme,
Reviens, mon cher Chion, chez nous.

Aux noc's, avant comme après boire,
L'aimable gaîté présida.
C' n'était qu'un bruit dans l'auditoire .
Chion par-ci, Chion par-là.
Le bal eut lieu sans anicroches ;
Les convives unanimement
Dansaient en faisant des bamboches ,
Et Chion par compartiment.

Dans la nuit, comme il est d'usage,
L' coup'e époux disparaît tout bas,
Pour aller avec avantage
Entonner l'air du premier pas.
Tant et tant, qu'au lever d' l'aurore,
On m'a dit que ma très chèr' sœur
Chantait : allons, Chion encore,
Ah! Chion, Chion, quel bonheur !

De la félicité parfaite,
Ce couple goûte la douceur.

Jacqu'line est toujours satisfaite,
Chion toujours de bonne humeur.
Imitons leur bon caractère,
Pour nous rendre heureux chaque jour :
Remplissons, vidons notre verre,
Et chantons Chion tour à tour.

BLONDEL.

LA COURONNE.

Air : Soldats français nés d'obscurs laboureurs.

A toi le monde, enfant de l'Éternel ;
Dieu pour toi seul épuisa son génie,
Pour ton domaine il a créé le ciel ;
Elance-toi vers la sphère infinie.
Mais, Dieu mortel, abjure ton orgueil ;
Fils du néant, le néant t'environne ;
Bientôt le temps va creuser ton cercueil ;
De l'homme-dieu songe à porter le deuil,
Car il t'a légué sa couronne.

Triste jouet de ministres flatteurs.
Naguère encore un roi dans sa faiblesse,
Sans écouter nos cris accusateurs,
Ne craignit point de trahir sa promesse.
Comme un volcan sourdement agité,
Chacun s'émeut, et bientôt l'airain tonne;
Et, comme un seul homme emporté,
Pour conquérir sa liberté
Le peuple a brisé la couronne.

Honte et mépris à ce spéculateur
Qui de l'hymen fait un trafic infâme,
Et dans l'or seul plaçant tout son bonheur,
Sans hésiter vous marchande une femme.
Dieu le condamne à d'éternels ennuis,
Et sa moitié jamais ne lui pardonne;
Qu'on s'étonne encor, dans Paris,
De voir tous les jours des maris
Du souci porter la couronne.

Quand de la nuit s'allument les flambeaux,
Dans tout Paris quelle scène brillante;
L'essaim joyeux des nymphes de Paphos,
De tous côtés et vous suit et vous tente;
L'une vous dit: Viens donc, écoute-moi;
L'amour là-haut va t'élever un trône:

On s'entend appeler mon roi....
Mais à peine rentré chez soi,
C'est pour maudire sa couronne.

Lorsque l'hymen va réclamer ses droits,
Pour un mari c'est un beau jour de fête ;
Voyez d'Eglé la pudeur aux abois,
Un seul regard lui fait baisser la tête,
L'époux maudit tous les ennuis du bal,
Il est heureux alors que minuit sonne ;
Bientôt viendra l'instant fatal...
Eglé, de ton front virginal
Ne fais pas mentir la couronne.

AU CAVEAU.

Bien neuf encore au pays des chansons,
Craintif amant des amours et des grâces,
J'espère un jour, guidé par vos leçons,
Pouvoir aussi cheminer sur vos traces.
Pourquoi m'avoir comblé de vos faveurs ?
Ma voix se perd, quand votre luth résonne ;
Parmi vos refrains enchanteurs,
Laissez-moi glaner quelques fleurs
Pour tresser mon humble couronne.

FERDINAND OLIVIER.

QUE NE SUIS-JE ENCORE TROMPÉ !

Air: Sainte-Thérèse, ô ma patronne !

Illusions, fleurs de nos ames,
Doux fantômes au ris vermeil,
Fragiles guirlandes de femmes
Qui m'enlaciez dans mon sommeil,
Au souffle de l'expérience
Quand mon rêve s'est dissipé,
Par vous, trompeuses de l'enfance,
Que ne suis-je encore trompé !

Près la plus belle des maîtresses
Je crus au bonheur tout un jour ;
Ma bouche a connu les caresses,
Et mon cœur a connu l'amour.
Voir trop clair rembrunit les choses :
Mieux vaut cent fois être dupé.
Par vous, petits démons tout roses,
Que ne suis-je encore trompé !

Je parle des femmes : les hommes
Ne valent pas mieux, entre nous.

Pauvres humains, hélas! nous sommes
Bien méchants, ou plutôt bien fous!
Quand par celui qui dit qu'il m'aime
Mon amour de mort est frappé,
Par un cœur froid, un ingrat même,
Que ne suis-je encore trompé !

Longtemps je pris pour du génie
Ma sensibilité : combien
Ai-je affirmé ce que je nie!
Jeunesse ne doute de rien.
Sans gloire, ma pauvreté blême
Mange un pain noir de pleurs trempé.
Je me connais trop... par moi-même
Que ne suis-je encore trompé!

C'est triste d'avoir l'ame vide,
C'est affreux de n'espérer rien.
Dans ma voie obscure pour guide
Que n'ai-je la foi du chrétien!
Pleure tes moelleuses chimères,
Pauvre oiseau du nid échappé...
Par toi, croyance de mes pères,
Que ne suis-je encore trompé!

CHRISTIAN SAILER.

LA FERME

DU BOIS DU LU.

Air : Du bonnet de la liberté (de Jacquemart):

Depuis longtemps la capitale
Fatiguait mes sens de ses cris.
Je quittai ma ville natale,
J'abandonnai mon beau Paris.
Je partis par un gai dimanche ;
Sur mon vieux carnet j'avais lu :
A trente pas de la Croix-Blanche
Est la ferme du bois du Lu.

J'avais fait ma troisième lieue,
Le loquet tournait à demi.
César vient remuant la queue,
Reconnaissant son vieil ami.

J'aurais dû vous dire peut-être
Que Jean-Claude-Thomas Lelu
Sont les noms et prénoms du maître
De la ferme du bois du Lu.

Or le fermier dont je vous parle
A trente ans, bon pied et bon œil ;
Il me montra son fils, son Charle,
Tout son espoir, tout son orgueil.
Avec celui-là, j'ai deux filles,
Dit-il, le hasard l'a voulu ;
Tu verras qu'on les fait gentilles
A la ferme du bois du Lu.

Jean qui n'a pas la main légère
N'irait certes les bras balans,
Si trop près de sa ménagère
Il voyait rôder des galans.
Sur d'autres que sur lui la dame
N'osa jeter son dévolu.
On a le temps d'aimer sa femme
A la ferme du bois du Lu..

Bien qu'ennemi de la routine,
Il raisonne chaque progrès ;

Avec lenteur il examine
La bonté des nouveaux engrais.
Jamais il ne presse une affaire,
Mais fait ce qu'il a résolu.
Un charlatan n'a rien à faire
A la ferme du bois du Lu.

Son vote à la législature
Toujours au bon droit est donné,
Au seul journal d'agriculture
Cependant il est abonné.
Il laisse ces romans futiles
Faits pour un monde dissolu,
Et n'a que des livres utiles
A sa ferme du bois du Lu.

Parmi son heureuse famille
J'ai passé de bien doux instants,
Jours dont le frais souvenir brille
Comme un chaud soleil de printemps.
De ces vers perdez la mémoire,
Peu m'importe ; je me suis plu,
Pour mon cœur, d'écrire l'histoire
De la ferme du bois du Lu.

CHARLES GILLE.

COUPLET.

A MON AMI HENRI ANDRÉ, SCULPTEUR.

Air : du vieux vagabond (Béranger.)

Je ne puis dans mon ignorance
Juger ton talent au berceau,
Pourtant je veux de l'espérance
Te montrer le flambeau ;
Va, ne cesse jamais de croire,
Le succès au bout du chemin,
Un jour la fortune et la gloire
Viendront ami te prendre par la main.

CHARLES GILLE.

Imp. de Pollet et Ce r. S.-Denis, 380. (VERT).

LE JOUR DE CONSULTATION,

CHANSONNETTE COMIQUE,

Dédiée à M. FRANCISQUE jeune.

Air du Maître d'école.

Le Docteur.)

La pratique se renouvelle,
Et grâce à ma dextérité,
Je vois grossir ma clientèle
A qui je donne la santé.
Ma méthode
Et sûre et commode,
Travaillant pour l'humanité,
Je suis le docteur à la mode,
Et l'honneur de la faculté.

(Parlé.) Allons, voyons, Victoire, rangez ces chaises époussetez le bureau et faites entrer le monde; c'est très bien. Maintenant allez préparer mon dîner, car s'il est beau de sauver la vie à son semblable, il est assez urgent de conserver la sienne, et, comme dit le proverbe, PRIMO MIHI, moi premièrement; mais voici un client, retirez-vous...

Un anglais (chantant).

> Docteur je étais bien aise
> De trover vos au logis ;
> D'abord je prenais un siége,
> Puis je prenais vos avis :
> Je avais du noir dans l'ame,
> Je possédais une femme,
> Qui me donnait des soucis. (*bis.*)

(Parlé.) Yes ! je avais du noir dans l'ame, je avais du noir dans la tête, je avais du noir dans le cœur; je en avais partout du noir. Je en avais considérablement, bocoup et encore plus que davantage, yes ! parce que je avais un femme qui n'était pas du tout... du tout... eh ! goddem, je pouvais pas dire le chose. Comment appelez-vous ici un errain qui rapportait bocoup. (Le Docteur.) Milord, il existe plusieurs termes, mais le plus usité est fertile.

(L'Anglais.) Oh! yes je étais une gnosse ignorante ; je avais un femme il était pas du tout fertile pour la production de le espèce humaine, et je avais beau faire je pouvais pas gôter les douceur de la paternité, et je voudrais que vous donniez à moi le moyen pour avoir tout plein des petites marmottes. (Le Docteur.) Milord, il n'appartient pas à l'homme de corriger les vices de la nature; pourtant la médecine a des secrets. Quel âge a votre épouse? (L'Anglais.) 22 ans, yes, monsieur, elle avait 22 ans et elle était jolie comme un amour. (Le Docteur.) Eh bien, milord, priez-la de passer chez moi... je la consulterai, et grâce à mes soins,.. à un régime... je pense pouvoir vous satisfaire. (L'Anglais.) Oh! je enverrai, Docteur, et je vous serai fort grandemente reconnaissante si vous pouvez lui faire prendre quelque chose, car je tenais bocoup à être papa. (Le Docteur.) Vous le serez, Milord. (L'Anglais.) Je saluais vous considérablement. (Le Docteur.) Votre serviteur, Milord. (Chantant.)

La pratique etc.
Une vieille femme (chantant.)

Monsieur je suis votr' servante,
Ici daignez m'écouter,
Je viens en femme prudente,
En ce jour vous consulter.
Grand docteur à qui tout cède,
Donnez-moi vite un remède,
J' veux voir mon mal déserter.

(Parlé très vite.) J' vous d'mande bien pardon si je ne m'explique pas cartégoriquement, comme dit monsieur Gobichoneau, mon légitime en quatrième noce et qu'a reçu une inducation soignée; mais j'ai comme une espèce de distinction de voix qui me gêne beaucoup pour parler, c'est une infirmité qui s'est conjointe à ma pauvre estomac à la suite d'une sueur rentrée, donc que je l'ai attrapée à la comédie, où j'ai zetté avec monsieur Gobichoneau, mon légitime en quatrième noce, en compagnie de mon cousin Duchêne qu'est zétabli menuisier, rue Copeau, ousque je me suis ennuyé comme une bienheureuse; les acteurs faisaient... un tas de grimaces qui faisaient pleurer tout l'monde, que j'pouvais pas m'empêcher d'rire; rien plus bête que c'te pièce là... Dabord au lever du rideau le théâtre représente... (Le Docteur.) Madame veuillez passer ces détails, je vous prie, le temps se passe et... (La Vieille.) Le théâtre représente une jeune fille qui pleure parce que son père veut la marier à un jeune homme qui demeure dans un château, qu'est son cousin. (Une voix très enroué appelant.) Ursule! Ursule! (La Vieille.) Tiens! j'oubliais que j'avais déposé à la porte monsieur Gobichoneau, mon légitime en quatrième noce. (Répondant.) Encor un moment mon ami. (Au Docteur.) Alors arrive un curé déguisé en prêtre qui demande, c'est-à dire non, y n'demande rien, c'est la cuisinière qui... (La voix enrouée.) Descendras-tu ou je monterai là-haut? (La Vieille répondant.) Encore un moment, mon ami. (Au Docteur.) Alors le frère arrive d'Afrique. (Le Docteur.) De grâce, madame, faites-moi grâce du reste, vous et votre mari vous avez l'air de répéter le comte de Barbe Bleu; voici votre ordonnance: eau ferrée gazifère de Quéneville, racine de Gentiane, fumigation de sureau, etc. (La Vieille.) Oh! Dieu de Dieu; tant de choses pour ma guérison! ma pauvre argent va la danser. Tenez, Docteur, il y a des gens qui tireraient de l'huile d'un mur et d'autres qui se noiraient dans leur crachat, c'est toujours aux geux la besace, comme dit c'tautre, et j'irais à reculons que je me casserai les os des jambes. (La voix enrouée.) Ah! décidément, dis

donc au Docteur de ne pas me faire droguer si longtemps.
(La Vieille.) Voilà, voilà, quel homme impatient que ce
Gobichoneau... Votre servante, Docteur. (Le Docteur.) Votre
serviteur. (A part.) Diable de femme... (Appelant.) A un
autre.

La pratique etc.

Un Auvergnat (chantant.)

> Je vous demandons escuge,
> Mais fouchtrrri de loupiqui,
> Je crois si je ne m'abuge,
> Que l'on n'entre pas ichi.
> Mon père il est bien malade,
> Et pour une limonade,
> Moi je vous conchulte auchi. *(bis)*

(Parlé.) Oui, Monchieur le médechin, je voudrais que
vous guérichiez mon pauvre c'hpére qui est là dans chon
lit bien malade. (Le Docteur.) Voyons, mon garçon, qu'est-
ce qu'il a ton père. (L'Auvergnat.) Che qu'il a? oh fousch'trrre, il n'a plus grand choge, les aschignats l'ont ruiné,
bougrrrri. (Le Docteur.) Allons, mon garçon, tu ne m'entends
pas, je ne te demande pas quels sont ses moyens, je te demande dans quel état il est. (L'Auvergnat.) Ah! bien je
comprends (riant.) Eh! eh! eh! eh! eh!... Chest que je
n'avais pas chézi la choge, mou père est de chon état marchand
de ferraille et de peaux de lapins, fousch'trrrri. (Le Docteur.)
Allons voyons tâche de me comprendre. (L'Auvergnat.) Eh!

bougrrrri chest vous qui ne comprenez pas, je vous dis qu'il est marchand.. (Le Docteur.) J'ai bien entendu, mais je te demande enfin quelle est sa maladie. (L'Auvergnat.) Ah cha, vous plaijentez-vous de moi, par hasard? (Le Docteur.) Je n'ai le temps ni la volonté de plaisanter; voyons explique-toi. (L'Auvergnat.) Mais il me chemble que si je savais che qui fait cha maladie, je n'aurais pas besoin de venir vous demander che que chest. Ah bien, y chont drôles les médechins de Paris! à Chaint-Flour il n'y en qu'un guérit tout... les hommes et les bêtes, les ânes les vaches... Ichi! il y a un hochepital pour le monde, un auschtre pour les chiens, pour les chevaux. (Le Docteur.) Voyons, mon ami, fais-moi grâce de tes réflexions et dis-moi où ton père a mal. (L'Auvergnat.) Eh! par le bon Diou d'Auvergne, il a mal partout, il a mal dans les jambes et cha lui répond dans la tête, et puis il a des coliques! ah! fouch'trrri, y che roule quand cha lui prend. (Le Docteur.) C'est bien, je vais te faire une ordonnance et j'irai voir ton père aujourd'hui. (Faisant le geste d'écrire et de donner un papier.) Tiens voici de quoi le guérir. (L'Auvergnat.) Est-che qui faut que je lui fache avaler che morceau de papier? (Le Docteur.) Eh non, tu iras chez le pharmacien avec ce papier, il te donnera ce qui te faut. (L'Auvergnat.) Ah! fousch'trrri je comprends. (Le Docteur.) Va et dépêche-toi, car s'il prenait une colique à ton père avant qu'il n'ait pris la potion que je lui ordonne, il pourrait se faire que (Avec gravité.) L'U-RETIUS passant par le CHYLIUM ne provoque la strangulation des fibres et ne détermine une HEMIPLEGIE chronique, et détermine une mort instantanée. (L'Auvergnat.) Ah cha!u qelle bougrrri de diable me rabachez-vous là : des étranglachions, des instants qui chont tannés, quest-che que tout cha veut dire ? (Le Docteur:) Cela veut dire que si tu tardes en route ton père peut mourir. (L'Auvergnats) Mourir, lui!... Ah bien, il n'y a pas de danger, d'abord il n'en a pas envie, et puis dans tous les cas il attendrait que je chois revenu pour chavoir che qu'il faut faire. Au plaisir de vous revoir, toujours je me sauve. Ah ! fousch'trrri, j'oubliais de vous donner notre adresse, rue de Lappe, N. 12. Je vous chalut bien. (Il sort.) (Le Docteur.) Diable de bavard! c'est égal, voici toujours un client de plus.

<blockquote>
La pratique se renouvelle,
Et grâce à ma dextérité,
Je vois grossir ma clientèle
A qui je donne la santé.
    Ma méthode
    Et sûre et commode,
Travaillant pour l'humanité,
Je suis le Docteur à la mode,
Et l'honneur de la faculté.
</blockquote>

ALEXIS DALÈS.

SAPHO A LEUCADE.

Air de Philoctète.

« Ingrat Phaon, objet de mes douleurs,
(Disait Sapho, les yeux baignés de larmes),
« Eh quoi, cruel, tu causes mes alarmes
« Quand j'ai pour toi fait parler les neuf sœurs!
« Ma muse en vain se prête à mon délire,
« Phaon a fui les accents de ma voix ;
« Las! aujourd'hui pour la dernière fois
« L'amour trahi met les doigts sur ma lyre. (*bis*.)

« Échos plaintifs des malheureux amants
« Retentissez jusqu'à mon infidèle ;
« Viens dans ces lieux, ô douce Philomèle !
« Mêler ta voix à mes derniers accents ;
« Dieux de l'Olympe abrégez mon martyre,
« Et vous, tritons, ouvrez-moi votre sein,
« Clio, redis mille fois mon destin,
« Je vais briser les cordes de ma lyre ! »

Ainsi chantait la muse de Lesbos,
Triste jouet des charmes d'un perfide,
Et, gémissant, cette tendre Aonide
Du roc fatal s'élance dans les flots!!!
Leucade alors fait savoir à l'Épire
L'affreux destin de l'enfant d'Apollon ;
Le Pinde en deuil maudit l'ingrat Phaon,
Et de Sapho les Grecs pleurent la lyre.

P.-M. Chapelain.

LE ROI DES LURONS.

Air : Fille au gentil minois.

Frères, salut ! je viens en mission,
   A mon discours prêtez attenion.
Je ne suis pas un fou qui, plein d'un faux système,
Vient pour vous imposer l'église et le carême ;
    Frères, venez à moi,
    Des lurons je suis roi.

Franche amitié, bon vin, folles amours,
   Tout vient à nous ; nous qui fêtons toujours,
Pouvons-nous éprouver une seule défaite ?
Le corps est vigoureux quand l'ame est satisfaite.
    Frères, venez à moi,
    Des lurons je suis roi.

D'un cœur joyeux, amorcé par le vin,
   Il part toujours un sémillant refrain ;

A l'espoir d'un Caton l'enfer est préférable.
Buvez ; qui gronde a tort, qui sait rire est aimable.
  Frères, venez à moi,
  Des lurons je suis roi.

 Réformateur, dans ta prose et tes vers
  En vain tu mets notre globe à l'envers ;
Que nous fait l'avenir qu'à ton gré tu disposes ?
Du siècle où nous vivons nous effeuillons les roses.
  Frères, venez à moi,
  Des lurons je suis roi.

 Comment peut-on montrer au genre humain
  Ce que Dieu fait ou veut faire demain,
Puisque tout vient de lui ? Prophètes, en arrière !
On outrage le ciel en méprisant la terre.
  Frères, venez à moi,
  Des lurons je suis roi.

 Aimer le monde, oublier ses erreurs;
  Malgré ses torts nous croyons à ses mœurs.
Il ne faut pas avoir un esprit trop sévère :
Le monde plaît toujours à qui sait toujours plaire.
  Frères, venez à moi,
  Des lurons je suis roi.

En cheminant avec la paix du cœur,
Par le plaisir on arrive au bonheur ;
Au souffle du chagrin notre santé dévie :
Le chagrin c'est la mort, le plaisir c'est la vie.
    Frères, venez à moi,
      Des lurons je suis roi.

Enfin la terre est pour l'homme joyeux
Un paradis protégé par les cieux.
La gent dévote a tort d'éguiser sa colère ;
Le diable a tant d'élus qu'il ne sait plus qu'en faire.
    Frères, venez à moi,
      Des lurons je suis roi.

Eugène Petit.

ABJURATION DE GALILÉE.

(1633)

Air des Comédiens.

La vérité du monde est exilée
Ou bien cachée, hélas! on ne sait où.
Ils ont raison, taisez-vous, Galilée !
Pauvre savant, vous n'êtes qu'un vieux fou !

« J'ai tout quitté, cherchant la solitude,
Pour éclairer mon cœur et ma raison,
Puis dit au monde, après dix ans d'étude :
La terre tourne, — on me traîne en prison.

« Des novateurs que la tâche est ardue !
Par tous les rois Colomb est baffoué,
Socrate meurt en buvant la ciguë,
Et Jésus-Christ sur la croix est cloué.

« Sous le pourpoint, la cuirasse ou la robe
Le vice affiche un orgueil sans pareil,
La vertu seule au grand jour se dérobe,
Et je voulais arrêter le soleil.

« Aux arguments précis de la science
Tes livres saints donnent un démenti,
Rome, un seul mot ébranlait ta puissance,
Triomphe donc, Galilée a menti !

« Oui, je mentais, *et pourtant elle tourne;*
Heureux encor si l'avenir comprend
Que nul espoir dans mon cœur ne séjourne,
Que je suis vieux, que le bourreau m'attend. »

La vérité du monde est exilée
Ou bien cachée, hélas ! on ne sait où.
Ils ont raison, taisez-vous, Galilée !
Pauvre savant, vous n'êtes qu'un vieux fou !

CHARLES GILLE.

L'ENFANT DU LABOUREUR.

Air : Versez, amis, versez à tasse pleine.

Un jeune enfant, les yeux mouillés de larmes,
Près du chemin répétait chaque soir :
« Mon père avait, en déposant les armes,
Sur sa charrue établi son espoir ;
Mais l'espérance est souvent éphémère
Quand l'âge vient contre nous conspirer.
Bons pèlerins, plaignez, plaignez ma mère :
Mon père, hélas ! ne peut plus labourer !

« Pendant la nuit, si quelquefois j'écoute,
J'entends mon père, en proie à ses douleurs,
En soupirant se plaindre de la goutte,
Et près de lui ma mère est tout en pleurs.

La pauvre femme entrevoit la misère
Et tous les maux qu'elle fait endurer.
Bons pélerins, plaignez, plaignez ma mère :
Mon père, hélas ! ne peut plus labourer.

« Pour défricher sa terre abandonnée
A la merci d'un repos éternel,
En sanglottant, ma mère, l'autre année,
A ses voisins avait fait un appel ;
Mais d'embarras, ô douleur bien amère !
Pas un voisin n'est venu la tirer.
Bons pélerins, plaignez, plaignez ma mère :
Mon père, hélas ! ne peut plus labourer !

« Pour cette mère adorable et chérie,
Ils sont passés les moments fortunés !
Ils sont passés ! plus de plaine fleurie,
Et plus d'épis : le temps les a glanés !
Tendres amours, éclos sur la fougère,
Vous n'irez plus dans son champ folâtrer.
Bons pélerins, plaignez, plaignez ma mère :
Mon père, hélas ! ne peut plus labourer ! »

E. BERTHIER.

Imp. de Pollet et Ce r. S.-Denis, 380. (VERT).

C'EST A VOTRE TOUR, MES ENFANTS.

Air : Regardez-le bien, je vous prie.

En tremblant, aimable jeunesse,
Je viens m'asseoir à ton côté ;
Va, ne crains pas que ma vieillesse
Trouble un seul instant ta gaîté :
Des fleurs qu'au bel âge on moissonne,
Pour te cacher mes cheveux blancs, (bis.)
J'ai su me faire une couronne.
C'est à votre tour, mes enfants.

De la route que j'ai suivie
Mon cœur n'a pas de repentir,
Les jours du matin de ma vie
Furent consacrés au plaisir.
Hélas ! il me laisse en arrière ;
Mais, plein de souvenirs charmants,
Je recrute pour sa bannière.
C'est à votre tour, mes enfants.

A la grand'maman de Lisette,
Ah! combien j'ai dû d'heureux jours!
Un beau printemps, un lit d'herbette
Ont vu mes premiers amours;
Aujourd'hui sa petite-fille
Vous cache des trésors naissants;
Le gazon pousse, elle est gentille...
C'est à votre tour, mes enfants.

Aux cris de la patrie en larmes
J'ai suivi des cœurs généreux,
Sur vos berceaux, de par les armes,
J'ai vu briller des jours heureux;
Plus tard, pour consoler la France
Livrée aux mains de ses tyrans,
Ma voix eut des chants d'espérance.
C'est à votre tour, mes enfants.

L'espoir de parcourir la terre
A fait aussi battre mon cœur;
Mais, de ce projet éphémère,
Un charme bien doux fut vainqueur:
Bons vins, vieux amis, jeune amie
Ne m'ont laissé que peu d'instants,
Et puis j'aimais tant ma patrie!
C'est à votre tour, mes enfants.

Jadis, quand j'étais sous la treille,
Au récit de chaque vieillard
Que j'aimais à prêter l'oreille
En versant d'un joyeux nectar !
Aujourd'hui, que ma voix est lente,
Que l'hiver a glacé mes sens,
Ma coupe est dans ma main tremblante.
C'est à votre tour, mes enfants.

Charles Morisset.

LE PEINTRE DE NINON.

Air : On dit que le premier homme.

Séraphin, peintre émérite,
Sur ton cœur le mien palpite,
Vois que Ninon ne t'évite,
Partage son doux émoi.
Dans tout pays, comme à Rome,
Le talent élève l'homme :
Si tu veux qu'on te renomme,
Au Musée expose-moi.

Vois Ninon,
En renom,
Ici qui t'entrouvre
Une porte au Louvre;
Peins Ninon,
En renom,
Va, tu n'es pas un ânon,
Non !

Madame, ce doux langage
Me donne-t-il l'avantage
De découvrir ce corsage ?
— Séraphin, je ne l'admets.
Mon manteau seul le dérobe;
C'est toute ma garde-robe
Pour me peindre sur ce globe:
Dis-moi si bien je me mets.

Vois Ninon, etc.

— Votre maintien poétique,
Votre figure angélique,
Au Musée, et je m'en pique,
Réjouiront plus d'un saint.
— Fais-moi belle comme un ange,

Peins-moi ma pantoufle orange
Et mon pied que l'on louague
Étendu sur ce coussin.

  Vois Ninon, etc.

— Venez, superbe sultane,
Que je vous peigne en Suzanne ;
Voyez, que je ne profane
En entrouvrant ce cœur d'or ;
Montrez vos appas de reine
Sous votre manteau qui traîne.
— Séraphin, fais donc qu'il tienne :
Le voilà qui tombe encor.

  Vois Ninon, etc.

— Dans vos charmes je me mire,
Ah ! qu'ils ont sur moi d'empire.
Laissez-moi, dans mon délire,
Vers les cieux tendre vos bras.
Je crois apercevoir Ève
Qu'Adam malgré Dieu soulève.
— Séraphin, du haut ne rêve,
Occupe-toi donc du bas.

  Vois Ninon, etc.

Sur ce siége à la renverse
Quelque chose tergiverse.

— Madame, c'est le traversin
Qui cherche à se faire un jour.
Là je vous peins défaillante.
— Oui, finis-moi bien touchante,
Sur cet édredon mourante,
Achève-moi, mon amour.

  Vois Ninon, etc.

— Que vous êtes délirante !
A finir, femme charmante !
Ninon, reste mon amante,
Ou cette arme à feu m'étend.
— Ah ! ne va pas, mon fidèle
Jusques aux pieds de ta belle
Faire jaillir ta cervelle,
Car elle en ferait autant.

  A ton nom,
  Sans renom,
 Une porte s'ouvre,
 Entre dans le Louvre ;
  Mets ton nom
  En renom,
Plus ne quitte Ninon,
  Non !

Baptiste Lamome.

C'EST DU BONHEUR

POUR L'AVENIR.

Air : Passez, jeunes filles.

Couronnés des feuilles de vignes,
Du plaisir prenons le chemin,
Éloignons, suivant nos consignes,
Les noirs soucis du lendemain.
Doux nectar, liqueur rubiconde,
Pourquoi te laissons-nous vieillir?
Tous les ans Bacchus te féconde,
C'est du bonheur pour l'avenir.

Ventrus qu'une croix dédommage,
Au poids d'or achetez des voix,
Femmes qui vendez au bel âge
Plaisirs et regrets à-la-fois,
Soyez moins àblâmer qu'à plaindre,
Voyez par votre repentir
La prostitution s'éteindre.
C'est du bonheur pour l'avenir.

Vous dont la tête est couronnée,
Imitez ce roi généreux
Qui croyait perdre sa journée
S'il n'avait pas fait un heureux ;
N'abusez point de la puissance
Dont on a su vous revêtir,
Portez le sceptre avec clémence,
C'est du bonheur pour l'avenir.

Vingt hivers ont norci ta tombe,
L'Anglais nous jette tes lambeaux,
L'étranger pour ton hécatombe
Peut abandonner cent drapeaux ;
Sous la glorieuse coupole,
Le vieux soldat croit rajeunir ;
Tes cendres sont au Capitole,
C'est du bonheur pour l'avenir.

Trois jours tu nous vis dans la rue
Suivre tes drapeaux triomphans ;
Reviens déité, méconnue,
Reviens consoler tes enfants ;
Entends-nous demander sans crainte
Jusques aux palmes du martyr
Une liberté pure et sainte,
C'est du bonheur pour l'avenir.

Sectateurs de la foi nouvelle
Qu'un pouvoir condamne à l'exil,
Le sable brûlant vous appelle,
Saluez les roseaux du Nil.
Par votre science profonde
Les deux mers vont se réunir,
Rapprochez les bornes du monde,
C'est du bonheur pour l'avenir,

Puissant moteur de la nature
Étend sur nous tes larges mains,
Inspire dans ta créature
L'amour qui joindra les humains ;
Si tu rends à notre ame occulte
Le sentiment de te bénir;
Les hommes comprendront ton culte,
C'est du bonheur pour l'avenir.

DELAMARCHE.

CHANSON ÉPICURIENNE.

Air : Chantons à la ronde.

Allons, joyeux drilles,
Rions du sot
Qui n'a pas un défaut.
Bon vin et jeunes filles,
Voilà ce qu'il nous faut.

Pour jouir est-il besoin d'avoir
Tout l'or de la Banque?
Non, morbleu! le soleil se fait voir
Partout jusqu'au soir.
Point de gêne en ce jour de gala,
Moquons-nous de qui nous blâmera;
Et si l'argent manque,
Nos effets sont là.

Allons, joyeux drilles, etc.

Tenez, je crois entrevoir déjà
Le vin qu'on débouche,
Fricandeaux, perdreaux, *et cætera,*
Qu'on nous servira.

Amis, pour notre appétit naissant
Est-il un espoir plus caressant?
   L'eau vient à la bouche
   Rien qu'en y pensant.

   Allons, joyeux drilles, etc.

Aux belles d'un joyeux partisan
   De nos peccadilles;
Gardons-nous de lancer, en passant,
   Un trait séduisant ;
Mais, de ces bigots dont les sermons
Osent nous comparer aux démons,
   Enlevons les filles,
   Et d'eux nous rirons.

   Allons, joyeux drilles, etc.

Mais ne donnons jamais notre nom
   A fillette aimable,
Car il vaut mieux être à Charenton
   Que mari Caton.
Amis, regardez autour de vous,
Voyez quel est le sort des époux :
   Un tourment semblable
   Est-il fait pour nous ?

   Allons, joyeux drilles, etc.

A nous tous et des jeux et des ris,
   Les douces paroles,
Des chansons les refrains tant chéris
   Qu'on chante à Paris ;
Marchons donc et vivent nos beaux jours,
Avec nous la ville et les faubourgs,
   A nos gaudriolles
   Sourions toujours.

   Allons, joyeux drilles, etc.

Morbleu ! nous perdons tous nos instants,
   Et Momus en gronde ;
N'allons pas le fâcher plus longtemps :
   Partons, il est temps.
Aujourd'hui, nargue du genre humain,
Jetons le plaisir à pleine main,
   Et la fin du monde
   Peut venir demain.

   Allons, joyeux drilles,
     Rions du sot
Qui n'a pas un défaut.
   Bon vin et jeunes filles,
   Voilà ce qu'il nous faut.

Eugène Petit.

A M. ZANGIACOMI.

Air A genoux devant le soleil.

Vous dont la parole touchante
Me consola dans mes revers,
Écoutez : ma voix pleure et chante
En vous redemandant mes vers.
De mes vers le feu solitaire
De mes ennuis fond les glaçons ;
Mais vous, que pourriez-vous en faire ?
Ah ! rendez-moi, rendez-moi mes chansons !

Mes filles, peu prétentieuses,
Qui du jour et du bruit ont peur,
Ne sont point des séditieuses :
Mes filles ont de la pudeur.
Oui mes filles sont innocentes :
Puis, pour vous donner des leçons
Elles seraient bien impuissantes !
Ah ! rendez-moi, rendez-moi mes chansons !

Le Dieu du jour et du génie,
Qui pour vous fait mûrir le grain,
Ne m'a donné que l'harmonie,
Monsieur, pour appaiser ma faim.
Lui, qui se nourrit d'ambroisie,
Il n'abreuve ses nourrissons
Que d'eau claire et de poésie :
Ah ! rendez-moi, rendez-moi mes chansons !

L'existence a flétri mon ame,
Le monde a tué ma candeur ;
L'expérience éteint la flamme
Qui brillait au fond de mon cœur ;
En lambeaux, mes rêves sublimes
Sont pendus à tous vos buissons...
Ils ne me restait que mes rimes :
Ah ! rendez-moi, rendez-moi mes chansons !

Quand dans l'abondance et la joie
Vous noyez vos soucis d'un jour,
Quand vous sommeillez sur la soie
Avec l'objet de votre amour,
Seul, je me couche sans rien dire
Sur la paille de vos moissons...
Ne m'apprenez pas à maudire :
Ah ! rendez-moi, rendez-moi mes chansons !

J'ai perdu cette foi robuste
Qui guidait ma débile main.
Aujourd'hui, Monsieur, soyez juste,
Car il serait trop tard demain.
La fièvre sur ma triste lyre
Souffle de sinistres frissons.
Je voudrais encor me relire :
Ah ! rendez-moi, rendez-moi mes chansons !

Christian Sailer.

PAQUES FLEURIES.

Air : Notre-Dame du mont Carmel.
Ou Air nouveau de M. Clodomir.

Soleil du ciel, flambeau sublime,
Quand tu ramènes les beaux jours,
Quand ta douce chaleur ranime
Nos cœurs glacés pour les amours,
J'aime à parcourir les prairies
Où s'égaraient mes pas naissants,
Et puis, j'entre à Pâques-Fleuries
Dans l'église pleine d'encens.

Jeunes et naïves fillettes,
Allez sous la voûte d'azur
Demander à des paquerelles
Le secret d'un amour bien pur,

Vos marguerites si chèries,
Oracles des cœurs innocents,
S'en iront a Pâques-Fleuries,
Dans l'église pleine d'encens.

J'aime à voir la lueur des cierges
Sur tous ces fronts agenouillés,
Et dans le chœur les blanches vierges,
Tranchant avec les noirs pilliers,
J'aime les vertes broderies,
J'aime l'orgue aux accords puissants,
Qui résonne à Pâques-Fleuries,
Dans l'église pleine d'encens...

O vous, blasés, tristes, moroses,
Morts à toutes émotions,
Pourquoi vouloir faner nos roses
Au souffle des déceptions ?
Vous dont les ames sont flétries,
Qui ne vivez que par les sens,
N'entrez pas à Pâques-Fleuries,
Dans l'église pleine d'encens.

CHARLES GILLE.

Imp. de Pollet et Cⁿ r. S.-Denis, 380. (VERT).

LES TRIBULATIONS

D'UN PÊCHEUR A LA LIGNE.

(POT-POURRI.)

Air : Allons, Babet, il est bientôt dix heures.

Allons, Gertrude, il est bientôt la brune,
Et pour Bercy j'veux partir à minuit.
Le temps est beau, je dois faire fortune ;
Pour amorcer j'aurais besoin d' blé cuit.
Pas l' moindre vent, j'peux dire que j'ai d' la chance,
J' crois déjà voir mon filet plein d' poissons.
Allons, Gertrude, un peu de complaisance,
Pour te distraire *empil'*-moi des ham'çons.

Air : Hélas! elle a fui comme une ombre.

Ainsi parlait à son épouse
Un pêcheur ; puis, quand vint minuit,
Il prend son panier, met sa blouse,
S'arme d'une gaule et s'enfuit;

Bien que la nuit soit triste et sombre,
Dans son ardeur il ne craint rien ;
Hélas ! il a fui comme une ombre
En se disant ça mordra bien.

AIR : Un jeune troubadour.

Il rencontre en chemin
Un pêcheur à l'ablette,
Qui se baisse et s'arrête
Pour chercher du *crottin*.
Une gourde en sautoir
Balottait sur sa taille,
Un grand chapeau de paille
Ombrageait son teint noir.

AIR : Amis, la matinée est belle.

Pêcheur, nous en prendrons sans doute,
Lui cria-t-il d'un air joyeux ;
Permettez que j' vous suive... en route
On s' distrait mieux quand on est deux.
L'endroit où je vais n'est pas proche :
　　Là-bas, tout là-bas !
J'ai des *asticots* plein ma poche,
　　Pêcheur, par là-bas
Le *barbillon* ne m'échappera pas. (*bis.*)

Air de la Parisienne.

Donnez-moi l' bras, qu'on se soutienne,
Marchons, n' restons pas dans Paris ;
Vous avez votr' lign', j'ai la mienne,
Il s'ra parlé d' nous dans l' pays ;
J'ai du fromage de Gruyère,
Mon *épuisette* et d' la *bannière;*
    En avant marchons
    Contre les *gardons,*
A travers les trains, les bateaux de charbons
    Dépeupler la rivière.

Air de la Sentinelle.

L'astre des nuits de son paisible éclat
Ne dorait plus les berges de la Seine,
Les rossignols commençaient leur sabat,
Sur un vieux train on aborde avec peine.
  Nos deux pêcheurs, déjà joyeux,
    Disaient, apprêtant leur monture :
    Mon ami, veillons en ces lieux (*bis.*)
  Pour la gloire... et pour la friture.

Air de Mazagran.

Près des Deux-Lions, dit l'un, j' vais fair' d' la terre,
Obligez-moi d' me prêter votr' couteau.
V'là deux beaux *coups,* ça fait bien notre affaire,
L' *fond* m' paraît juste et le courant est beau.

Bien que la nuit soit sombre.
Redoublons d'efforts,
Amorçons ces bords ;
Pour réussir nous agissons dans l'ombre.
A force de *p'lotter*
J'en entends sauter.
Combien sont-ils ? Eh ! qu'importe le nombre,
Avec le jour nous compterons les morts. (*bis*)

Air de l'Angélus.

Le silence fait place au bruit,
Bientôt se dissipe la brume,
Puis le jour succède à la nuit ;
On pouvait *distinguer sa plume*. (*bis*.)
Il est deux heures tout au plus,
Dit l'un, et *l' poisson* touche à peine ;
Mais quand sonnera l'Angélus
J' suis sûr d'en avoir une douzaine. (*bis*.)

Air : Et les feuilles tombaient toujours.

C'était bien l'heure où le ciel sans soleil
Protégeait l'amateur capable ;
Le goujon, couché sur le sable,
Devait gober l'amorce à son réveil ;
Les bras tendus et respirant à peine,
Nos Gaspardos, l'œil fixé sur la Seine,

D'un flot verdâtre admiraient les contours, (bis.)
Et le goujon dormait toujours. (bis.)

Air : Le vent qui souffle à travers la montagne.

C'est un peu fort, à la moindre secousse
  Je *ferr'* d'aplomb ;
Quelqu'un de vous aurait-il dans sa trousse
  Un peu de *plomb* ?
Que vois-je, hélas ! sur ma dernière pelote ?...
  J'suis plus du tout ;
Le vent qui souffle et le train qui balotte
  Me rendront fou !
  Oui, me rendront fou !

Air du Bouton.

Plus loin un voisin s'indigne,
Entraîné par un goujon,
Afin d'rattraper sa ligne,
Sans l'vouloir fait un plongeon.
Ah ! dit-il, quell' maladresse !
J'viens d'déchirer mon soulier ;
Afin d'lui fair' mettre un' pièce,
J'vais tâcher d'prendre un *sav'tier*.

Air du soleil de ma Bretagne.

Ma femm' m'attend, j' veux m'en aller chez nous,
Dit à midi le mari de Gertrude ;
D'en prendr' si peu je n'ai pas l'habitude :
En m'en r' tournant j'en ach'trai pour six sous.
    L' soleil fait mon supplice,
    J' suis comme un' écrevisse ;
    Au *ver roug'*, si tu veux,
    Nous pêch'rons tous les deux.
Oh ! ne va pas rester dans un bachot,
Plions bagage, évinçons-nous bien vite,
Dans un bouchon plus à l'aise on s'abrite.
    O Bercy ! je te quitte,
    Que ton soleil est chaud ! ! !

Air : Alleluia.

O Vierge ! mère du Sauveur !
Priez pour le pauvre pêcheur,
Car le poisson est bien subtil.
    Ainsi soit-il !

ALEXIS DALÈS.

LA LEÇON DU BON CURÉ.

Air d'Esméralda (d'Albert GRISAR).

J'entends sous le grand chêne
Les sons du tambourin,
Et les fleurs de la plaine
Parfument le chemin ;
Allez, gens du village,
Danser sous le feuillage,
Dieu permet en ce jour
Vos jeux et votre amour.

Que de tout le village
Fillettes et garçons,
Jeune, vieux, fol ou sage
Écoutent mes leçons !
Ma voix n'est point sévère
Et je n'ai qu'un désir :
C'est d'unir, sans mystère,
Les vertus au plaisir.

J'entends sous le grand chêne, etc.

L'oiseau sous la verdure
Gazouille tout le jour,
Son existence pure
Est toute pour l'amour,
Son sort, digne d'envie,
L'exempte du souci ;
Au printemps de la vie
Aimez-vous donc aussi.

J'entends sous le grand chêne, etc.

Soulagez la misère
Du pauvre près de vous,
Le pain avec un frère
A partager est doux ;
Au pécheur qu'on condamne
Pardonnez, pardonnez ;
Le pardon est la manne
Des cœurs abandonnés.

J'entends sous le grand chêne, etc.

Vos granges sont remplies
D'abondantes moissons
Que vous avez cueillies
Au bruit de vos chansons.

Puisqu'en votre demeure
Aujourd'hui vous n'avez
Pas un frère qui pleure,
Riez, chantez, dansez !...

J'entends sous le grand chêne
Les sons du tambourin,
Et les fleurs de la plaine
Parfument le chemin ;
Allez, gens du village,
Danser sous le feuillage,
Dieu permet en ce jour
Vos jeux et votre amour.

Charles Regnard.

JOVIAL EN PRISON.

Air : Bien des gens n'ont pas mon esprit.

Ils ont pourchassé dans la rue
La vive épigramme accourue
Avec des grelots, des sifflets,
Pour combattre leurs noirs projets.
Ils sont vainqueurs. Vive la France !
Ne perdons pas toute espérance.
Gai, mes amis ! que la prison
Serve d'asile à la chanson.

Ils ont traqué l'anti-sottise,
Ils ont bâillonné la franchise,
Ils ont banni la liberté,
La paix et la fraternité ;
Ils ont envoyé le mérite
Rejoindre la gaîté proscrite.
Gai, mes chers amis ! la prison
Sert de patrie à la chanson.

Ils ont voulu troubler notre ame,
Ils veulent éteindre sa flamme ;
Trompons leur animosité
En conservant notre gaîté.
Couvrons les fers de Pélagie
Des fleurs de notre poésie.
Gai, mes chers amis ! la prison
Est le palais de la chanson.

Væ victis ! disent les barbares :
Soit ! — Répondons à leurs fanfares ;
Réveillons le peuple-lion,
Ressuscitons le talion.
Poètes, forgeons le tonnerre
Qui doit les réduire en poussière.
Gai ! le grabat d'une prison
Est le trône de la chanson.

Christian Sailer.

LES PERLES QUI TOMBENT.

Air : Si ça t'arrive encore (de la Marraine).

Comme les perles d'un collier
Nos jours sont comptés sur la terre;
Du fil qui sert à les lier
Dieu voulut nous faire un mystère.
Du chapelet de nos saisons
Chaque grain roule vers la tombe,
A chaque pas que nous faisons
Encore une perle qui tombe.

Au printemps, les illusions
Naissent pour nous avec les roses;
Mais le souffle des passions
Les effeuille avant d'être écloses :
Sous les nuages du regret
Alors notre ciel pur se plombe,
Puis le prestige disparaît :
Encore une perle qui tombe.

L'été nous prodigue ses fleurs
Qu'un instant de plaisir caresse ;
Mais bien souvent, hélas! les pleurs
Viennent succéder à l'ivresse ;
Aux amours prêts à s'envoler
Nos soupirs servent d'hécatombe ;
Chaque larme qu'ils font couler,
Encore une perle qui tombe.

L'horizon qui se rembrunit,
L'oiseau qui perd son doux ramage,
La feuille qui tremble et jaunit
De notre automne sont l'image.
Lorque l'âge qui fuit toujours
Aussi léger que la colombe,
Emporte nos derniers beaux jours,
Encore une perle qui tombe.

L'hiver qui se fait pressentir
Nous courbe avec l'arbre qui plie,
Bientôt il vient nous avertir
Que notre tâche est accomplie.
Quand la neige contre nos vœux
Vient, rapide comme une trombe,
Marbrer le noir de nos cheveux,
Encore une perle qui tombe.

Le juste est exempt de remords,
A l'imiter Dieu nous convie,
Car la Parque choisit ses morts
Dans les quatre âges de la vie.
Que le temps qui fait tout plier,
De chaque mortel qui succombe,
Dise, en vidant son sablier :
Encore une perle qui tombe.

ÉDOUARD-FÉLIX BOUVIER.

SCHUBBRI.

(BALLADE.)

Enfants joyeux
Quittez vos jeux,
Venez entendre,
Sous mon hospitalier abri,
L'histoire de Schubbri.

Enfants de la Hongrie,
Ce récit va venger
La mémoire flétrie
De Schubbri
Qu'on ose outrager.

Soit qu'il fût né dans l'opulence
Ou l'humble fils d'un laboureur,
Il eut la noblesse du cœur
Que ne donne pas la naissance.

  Enfants joyeux, etc.

  « Tel que sème récolte,
  « De Jésus c'est la loi.
  « Alerte, à la révolte ! »
   (Dit Schubbri.)
   « Venez tous à moi. »
Et nous quittions nos vieilles mères,
Nos amantes et nos travaux,
Car on lisait sur ses drapeaux :
Guerre aux châteaux, paix aux chaumières.

  Enfants joyeux, etc.

  Quand tout cédait aux armes
   Du guerrier, du héros,
  J'ai vu couler les larmes
   Que Schubbri
  Versait sur vos maux.
Les grands seuls craignaient la justice
Qu'il ne fit jamais à demi ;
Le riche était son ennemi,
Le pauvre presque son complice.

  Enfants joyeux, etc.

Las ! un jour il succombe
Dans son sublime effort ;
Mais nul n'a vu sa tombe :
Non, Schubbri
Ne peut être mort.
D'un temps meilleur j'ai l'espérance,
Oui, l'avenir nous le rendra,
Son cœur grand et noble entendra
Nos premiers cris d'indépendance.

Enfants, là finit
Mon récit ;
De l'auditoire
S'élance un seul et même cri :
Vive Schubbri !

Charles Gille.

BRIDIDI.

Air : Qui la vend, qui la vend. (Jules Leroy.)

Je lus autrefois,
A ce que je crois,
Fabuleuses histoires ;
Ai-je bien conçu?
Je crois avoir vu
Ces paroles notoires:
Brididi, brididi,
Brididi, di, di,
Chicandi, chicandi,
Chicandardini !
C'est ronflant,
Rigolant,
C'est mirobolant !
Vive le firmament !

Pour créer les Dieux
Le Ciel amoureux

Manquait de ménagère,
 Il fit sans façon
 Déclaration
A madame la Terre.

Brididi, brididi, etc.

 Saturne, viveur
 Et fameux mangeur,
Qui digérait la pierre,
 Tout en usurpant
 Le trône à Titan,
Redisait à son frère :

Brididi, brididi, etc.

 Le maître des cieux,
 Au front sourcilleux,
Jupiter le sévère,
 Quoique peu badin,
 Disait mon refrain
En lançant son tonnerre :

Brididi, brididi, etc.

 Mars, le grand héros,
 Un jour à Paphos

Voit Cypris qui repose ;
La réveilla-il ?
Non pas, le subtil ;
Vous comprenez la chose...

Brididi, brididi, etc.

Mercure, voleur,
A bien du bonheur,
Là-haut pas de police.
A nos Dieux soudain,
S'il fait un larcin
Il dit avec malice :

Brididi, brididi, etc.

Le dieu Cupidon
N'est qu'un polisson,
Car un jour à Cythère
De Vénus, hélas !
Voyant les appas,
Osa dire à sa mère :

Brididi, brididi, etc.

Le fier Apollon
Au milieu d'un rond

Disait aux neuf Pucelles :
  Mes sœurs, chez les Dieux
  Point d'incestueux ;
Puis à chacune d'elles :
Brididi, brididi, etc.

Le boiteux Vulcain,
  La hache à la main,
Fend la tête à son père,
  Minerve en sortit
  Et puis répartit
Dans sa sagesse austère :
Brididi, brididi, etc.

Neptune sur l'eau,
  Dans un beau vaisseau
Voit passer des Naïades ;
  En bon matelot,
  Plongeant aussitôt,
Leur donne des passades.
Brididi, brididi, etc.

Le malin Bacchus
Par son divin jus

Met l'Olympe en goguette,
Hébé dans les cieux
Verse à tous les Dieux,
Et quand ils sont pompette :

Brididi, brididi, etc.

SAVARY.

LE PHILOSOPHE

ET

LE PAPILLON.

Air nouveau.

Toi dont la vie est si fragile,
Insecte aux brillantes couleurs !
Pour venir visiter la ville
Tu quittes les prés et les fleurs ;
Tu cherches le trépas peut-être !
Suspends ton vol démesuré,
Viens te poser sur ma fenêtre,
Petit papillon azuré. (bis.)

Quel miraculeux mécanisme
Fait mouvoir tes frêles ressorts ?
Sans ta présence à l'athéisme
J'allais me livrer sans remords.
La croyance, divine flamme !
Pénètre mon cœur égaré ;
Oh ! tu viens de sauver mon ame !
Petit papillon azuré !

De Lise j'ai porté les chaînes,
L'amour guida mes pas tremblants ;
Et je pourrais compter mes peines
Au nombre de mes cheveux blancs.
De la rose que tu lutines
Redoute le dard acéré :
Chaque plaisir a ses épines !
Petit papillon azuré !

Qu'un vaisseau laboure la vague
Pour revenir rompant sous l'or !
Que pour Plutus l'homme divague ;
La sagesse est le vrai trésor !
Comme toi brillante et futile,
Bien que son buste soit doré,
La fortune a des pieds d'argile !
Petit papillon azuré !

De mes pensers quand je t'assiége,
De morale peu soucieux,
Léger comme un flocon de neige,
Tu cours folâtrer sous les cieux ;
Emporte ton étourderie,
Sous mon toît de fleurs décoré
Je reste avec ma rêverie,
Petit papillon azuré.

Du choc de ton aile flexible
Tu vas, te jouant dans les airs,
Tuer chaque atôme invisible
Qui peuple ce vaste univers ;
De sa chevelure légère
Quand l'arbre sera déparé,
Tu les rejoindras dans la terre,
Petit papillon azuré.

ALEXIS DALÈS.

LES APPARENCES.

Air du Philtre.

Sur l'Océan du monde
Combien d'illusions !
Ce ne sont à la ronde
Que des déceptions.
La Fontaine l'expose
Et l'expose fort bien :
De loin c'est quelque chose
Et de près ce n'est rien.

Voyez ce personnage
Que la foule applaudit :
Dans son orgueil il nage,
Nul ne le contredit.
Du fat couleur de rose
Ecoutez l'entretien :
De loin c'est quelque chose
Et de près ce n'est rien.

Sur le bord de la Seine
Que de gens et quel bruit !
Vers le lieu de la scène
De l'affaire on m'instruit ;
Tout ce monde-là pose
Pour voir baigner un chien :
De loin c'est quelque chose
Et de près ce n'est rien.

Je punirai l'infâme,
S'écriait un époux :
Quoi ! donner à ma femme
Un secret rendez-vous !
Mais sa colère n'ose
Provoquer le vaurien :
De loin c'est quelque chose
Et de près ce n'est rien.

Quel discours magnifique
Tient ce gros charlatan ?
Il vend un spécifique
Propre à blanchir Satan...
Un Nègre prend la dose,
Et reste Négrien :
De loin c'est quelque chose
Et de près ce n'est rien.

Quelle déconfiture
Survenue à Mondor !
On dit que l'aventure
A fondu ses monts d'or...
La perte qu'on suppose
N'est qu'un tour macairien :
De loin c'est quelque chose
Et de près ce n'est rien.

Un scandale effroyable
Agite tout Paris ;
Cette histoire incroyable
Fait jeter les hauts cris...
Quelle métamorphose !
Ce n'est qu'un puff ancien :
De loin c'est quelque chose
Et de près ce n'est rien.

D'un poète en extase
Vanté pour son esprit,
D'avance avec emphase
On annonce un écrit.
Je lis, à peine éclose,
L'œuvre du Voltairien :
De loin c'est quelque chose
Et de près ce n'est rien.

Equivoque vestale,
Marchant à petits pas,
Lise, aux regards étale
De séduisants appas ;
L'amour y touche... et glose...
Du coton pour tout bien !
De loin c'est quelque chose
Et de près ce n'est rien.

Si pendant que j'achève
Tous ces versiculets,
Contre eux déjà l'on rêve
Un concert de sifflets.
Différez, et pour cause,
Un bruit si peu chrétien :
De près c'est quelque chose
Et de loin ce n'est rien.

Albert-Montémont.

L'ÉCHANTILLON.

Air du Cabaret des Trois-Lurons.

Mes amis, sur une autre corde
Comme sur un autre refrain,
Souffrez qu'ici je vous aborde
Encor sur le même terrain,
Pour acquitter plus d'une dette
Quoique je sois un peu brouillon, (*bis.*)
Vous ayant chanté l'étiquette, } *bis.*
Je vous devais l'échantillon.

Dans notre ville où tout repose
Sous l'apparence d'un grand ton,
Que de grandes dames, pour cause,
Cachent le nom de leur canton !
Avec l'or la sottise augmente,
Et de son premier cotillon,
Je connais plus d'une élégante
Qui renierait l'échantillon.

Souffle glacé, quand ton passage
Nous prive d'un jus précieux,
Par l'eau, cette liqueur du sage,
Dussions-nous rester soucieux,
Pour la vendange qui s'apprête,
Ne fut-ce que d'un grapillon,
Pour l'artisan et le poète
Laisse au moins un échantillon !.

Quand d'un commis qui voyait trouble,
Le commettant, de bonne foi,
Ne possède pas même un double
Pour vérifier son envoi.
L'amour insensible à des larmes,
Et plus léger qu'un papillon,
Souvent, pour rappeler ses charmes,
Laisse trop d'un échantillon.

Jadis, une fière Déesse
Qu'on accueillit dans chaque rang,
A l'avance, sur sa promesse
Se fit payer au prix du sang :
Mais, soit confiance ou mollesse,
Seulement pour nos bataillons,
Nous n'avons su, de la Déesse
Garder que les échantillons.

Après courte ou longue carrière,
D'Empereur ou de Bohémien,
Puisque le corps devient poussière
Et que là n'existe plus rien !...
Pour ce jugement qu'on redoute,
Se dégageant du tourbillon,
Au ciel, notre ame va sans doute
Se placer comme échantillon.

GABRIEL.

AUX RICHES.

Air : Le papillon qui respire la rose (Bouguol).

A vos banquets où le luxe convie
Ses nouveaux fils et ses anciens élus,
Je veux savoir comme on use sa vie ;
Que peut vous faire un invité de plus ?
Par le malheur mon ame est ulcérée,
Accueillez-moi, riches, si vous voulez ?
Peuple, reprends la foi que j'ai jurée,
   Tous mes rêves sont envolés.

Entre deux camps la terre est en litige;
Le riche altier s'en venge par des dons;
Le riche aumône et le pauvre transige,
Au pauvre, moi, j'osai dire plaidons.
J'avais rêvé que convive intraitable,
Ivre, altéré des vins que vous sablez,
Posant son verre, il briserait la table;
    Tous mes rêves sont envolés.

Dans l'avenir, espérer! vieil adage.
Je vois fouillant au cœur le genre humain,
Dans l'ouvrier le serf du moyen-âge,
Qui descend, lui, de l'esclave romain ;
De tous les temps, c'est le même équilibre,
Par les plus forts les faibles sont foulés.
J'osais rêver un peuple heureux et libre,
    Tous mes rêves sont envolés.

J'avais rêvé que le christianisme
En proclamant la douce charité,
Dans tous les cœurs éteindrait l'égoïsme
Et sauverait la pauvre humanité,
Mais j'ai maudit les gens à robe noire,
Au sanctuaire ils se sont attablés ;
J'avais un Dieu, je n'ose plus y croire,
    Tous mes rêves sont envolés.

Vous frémissez ! cet orage qui gronde
Me dit : le peuple a relevé le front,
La vérité veut régner seule au monde :
Trônes, autels, à sa voix crouleront ;
J'aurai ma part de gloire ou de martyre,
Barde et soldat sous vos murs crénelés
Je veux courir, j'avais tort de vous dire
  Tous mes rêves sont envolés.

Charles Gill.

LE VER LUISANT.

Air : Roule, roule.

Brille, brille,
En nos champs scintille;
Gentil ver,
Bientôt vient l'hiver.

Lorsque tu viens à la première étoile
Iluminer les touffes de gazon,
Des passions en écartant le voile,
Un jour plus pur éclaire ma raison.

   Brille, brille, etc.

A ton reflet mon ame se recueille,
Tourments, chagrins, tout se trouve effacé ;
En méditant, je relis feuille à feuille
Le riche album de mon riant passé.

   Brille, brille, etc.

1844. 2ᵉ *Volume*

Je me reporte à ce temps éphémère
Que de la vie on nomme le matin,
Où les baisers d'une indulgente mère
Récompensaient mon babil enfantin.

  Brille, brille, etc.

Dans les pensers dont la foule m'assiége
A votre tour vous êtes de moitié
Mes vieux amis de jeux et de collège,
Que de plaisirs je dus à l'amitié!

  Brille, brille, etc.

Voici mes jours d'amour et de folie :
De vingt beautés l'essaim capricieux
Vient m'entourer... Salut, troupe jolie
Que je comptais ne retrouver qu'aux cieux.

  Brille, brille, etc.

Trente ans !... Tournons bien vite cette page,
Elle fait tache à mon gentil livret :
Bien follement l'hymen vint à cet âge
Troubler le philtre heureux qui m'enivrait

  Brille, brille, etc.

Trompant l'enfant qui t'apperçoit dans l'herbe,
Tu lui parais un diamant sans prix;
Te saisit-il, sa capture superbe
Offre un insecte à ses regards surpris.

Brille, brille, etc.

Tel du bonheur un rayon vient à poindre,
A pas pressés de lui nous approchons ;
En avançant il devient toujours moindre,
Et disparaît dès que nous y touchons.

Brille, brille,
En nos champs scintille,
Gentil ver,
Bientôt vient l'hiver.

DALÈS aîné.

SI TU VEUX ÊTRE HEUREUSE.

Musique de Henri Streich.

Belle enfant, si tu veux être heureuse,
Si tu veux d'éternelles amours,
Fuis l'éclat d'une ville orgueilleuse,
Au hameau vient passer d'heureux jours. (ter.)

Vois-tu, là-bas sous la feuillée
D'où s'exhalent tendres fraîcheurs,
Cette maison presque isolée
Près d'un ruisseau bordé de fleurs ?
C'est une retraite amoureuse,
Comme elle est belle pour charmer !
C'est là que la vie est heureuse,
C'est là qu'il faut toujours aimer.

Belle enfant, si tu veux être heureuse, etc.

A la ville tout est misère,
Fuyons loin d'un monde trompeur ;
On est bien mieux à la chaumière,
Là tout semble sourire au cœur.
Près du coteau sous le feuillage,
Aux chants du soir, moments heureux,
Baisers bien doux, tendre langage,
Nous serons mieux là-bas tous deux.

Belle enfant, si tu veux être heureuse, etc.

Le zéphir dont le souffle embaume
L'air de nos champs toujours fleuris,
Le sol est vert sous l'humble chaume,
Et la fleur brille aux prés chéris.
Comme la rose près d'éclore
Tu brilleras aux champs si doux,
Et toujours, toujours dès l'aurore
Tous les plaisirs seront pour nous.

Belle enfant, si tu veux être heureuse,
Si tu veux d'éternelles amours,
Fuis l'éclat d'une ville orgueilleuse,
Au hameau viens passer d'heureux jours.

THÉODOSE YVERT.

LE SOULIER DE FANCHETTE.

Air : Tout le long de la rivière.

Au quartier latin autrefois,
Lorsque j'habitais sous les toits,
Vis-à-vis, dans une mansarde,
Logeait une jeune égrillarde
Au fin corsage, à l'œil mutin,
A la blanche peau de satin ;
Ce qui plaisait surtout dans la fillette
C'était bien ma foi le soulier de Fanchette,
Le petit soulier de Fanchette.

On a bien vanté Cendrillon
Dont le pied était si mignon
Qu'à le voir on se pâmait d'aise ;
Mais son soulier, ne vous déplaise,
Près de ce petit bijou-là,
Eût pu chausser Gargantua.
Aussi de loin chacun à sa chambrette
Accourait pour voir le soulier de Fanchette,
Le petit soulier de Fanchette.

La belle en avait tant de soin,
Que dans le plus pressant besoin,
Craignant d'élargir l'ouverture
De sa délicate chaussure,
A peine osait-elle au temps froid
Y mettre seulement un doigt.
Bien que petit, le doigt de la pauvrette
Emplissait à fond le soulier de Fanchette,
Le petit soulier de Fanchette.

Ce soulier-là fit tant de bruit
Qu'au milieu de certaine nuit,
Le désir soudain me transporte,
J'ouvre tout doucement la porte,
Puis furetai tant qu'à la fin
Sur le soulier je mets la main.
Le croira-t-on? c'est dessus la couchette
Que je découvris le soulier de Fanchette,
Le petit soulier de Fanchette.

De l'essayer fort désireux,
J'y mis d'abord un doigt, puis deux;
Irrité par la résistance,
Le pied ferme et droit je m'élance;
Au risque de tout déchirer
Jusqu'au fond je le fis entrer.

Depuis il faut que chaque jour je mette
Un gros embouchoir au soulier de Fanchette,
Au petit soulier de Fanchette.

Un jour, hélas ! qui le croira,
La donzelle me planta là ;
Puis, pour éteindre chaque flamme,
Fanchette, dans sa bonté d'ame,
Prêta son soulier sans façons,
Mais surtout aux jolis garçons ;
Il fut dès-lors dangereux, sans chaussette,
De mettre à son pied le soulier de Fanchette,
Le petit soulier de Fanchette.

Enfin, plus la belle agissait,
Plus son soulier s'élargissait ;
Maintenant si grande est la brêche,
Que de Cupidon une flèche,
Qu'à peine il tenait autrefois,
Entrerait avec le carquois ;
Bref, tout botté, sans tambour ni trompette,
Chacun put chausser le soulier de Fanchette,
Le petit soulier de Fanchette.

Numa Mercier.

LE NOUVEAU WILLAUME.

Air : Gai, gai, mariez-vous.

Gai, gai, mariez-vous,
C'est un usage
Fort sage ;
Gai, gai, mariez-vous,
J'improvise des époux.

C'est ainsi que préludait
Un bâcleur de mariage
Pour vanter les avantages
De l'objet qu'il présentait.

Gai, gai, mariez-vous, etc.

Pour vous charmer subito
J'ai la plus belle des femmes,
Elle exécute des gammes
Comme *Litz* au piano.

Gai, gai, mariez-vous, etc.

Elle monte sans broncher,
En amazone intrépide,
Le coursier le plus rapide
Comme l'habile *Baucher*.

Gai, gai, mariez-vous, etc.

Elle a du goût, de l'esprit
Au point de toucher la fibre ;
Aussi pour la femme libre
Comme *Tristan* elle écrit.

Gai, gai, mariez-vous, etc.

Comme *Grisier* et *Bertrand*
Elle tire et fait des armes ;
Ah ! combien elle a de charmes
Au moment qu'elle se fend !

Gai, gai, mariez-vous, etc.

Elle prend une leçon
Chez *Déligny* le dimanche ;
Aussi pour faire la planche
Elle dégotte un poisson.

Gai, gai, mariez-vous, etc.

D'*Essler* en possédant l'art,
Elle a des poses parfaites;
Il faut voir ses pirouettes
Et surtout son grand écart.

   Gai, gai, mariez-vous, etc.

Bref, en apport, pour tout bien,
Elle offre, femme modèle,
Sa vertu, dot d'une belle,
D'une belle qui n'a rien.

  Gai, gai, mariez-vous,
    C'est un usage
     Fort sage,
  Gai, gai, mariez-vous,
J'improvise des époux.

Justin Cabassol.

L'ÉPOQUE.

Air : Hirondelle gentille.

Où sont les avalanches
Et les montagnes blanches,
Les vieux manoirs,
Les pieux solitaires,
Et les hauts monastères
Aux cèdres noirs?...

Où sont les bleus rivages,
Les huttes de sauvages
Nains et géants?
Arrogante Lutèce !
Dis-moi, royale altesse,
Sont-ils céans ?

Les Alpes ou l'Asie !...
Bataille ou poésie !...

Chateaubriant,
Sur nos cités moroses
Répands encor les roses
De l'Orient.

Non : il te faut des danses
Et des milliers de lances,
Globe endormi ;
De grands bruits et des piques,
Des poètes épiques...
Barthélemy.

Et puis un capitaine
De Corse ou d'Aquitaine
Aux bras altiers !
Leurs deux bouts aux deux pôles,
Et sur leurs deux épaules
Des cieux entiers !

Et puis un Lamartine,
Sous la voile latine,
Lançant vers nous
Des anges de prières
Sur nos places guerrières
Tous à genoux...

Il te faut des structures,
Des corps et des statures
 Aux larges fronts !...
Sottes gens que nous sommes,
Nous avons de tels hommes
 Et nous souffrons...

Oh! qu'il souffre ce monde...
Ses reins, d'un sang immonde,
 Sont-ils lavés !
Il dort... et la patrie
Voit sa tête meurtrie
 Sur des pavés...

JULIEN LEGROS.

ÉPÎTRE A M. PERRINT DE COMPIÈGNE.

Perrint! ô grand Perrint que Compiègne a vu naître,
Perrint que nous aimons, Perrint, toi notre maître,
Assez et trop longtemps tes sublimes écrits
Ont de leur feu sacré rempli tous nos esprits,
Il faut enfin payer par la reconnaissance
Ce que ton art chez nous porta de jouissance.
Nul mortel jusqu'alors, le ciel en est témoin,

N'avait de te louer osé prendre le soin ;
Eh bien, moi, je m'en charge! oui, j'aurai cette audace.
Pour ta gloire, ô Perrint, il n'est rien qu'on ne fasse ;
Et si de ce labeur je ne tire aucun prix,
J'aurai du moins l'honneur de l'avoir entrepris.

Nos fronts à ton aspect restent courbés dans l'herbe,
Homme aussi beau que simple , homme vraiment
[superbe,
Lorsque tu viens, vêtu comme un simple mortel,
Prendre rang parmi nous, ce n'est pas naturel !...
Pourquoi ne voit-on pas reluire sur ta tête
L'auréole que Dieu t'a donnée, ô poète !
Sans doute que tu crains que par trop de splendeur
Nous soyons éblouis ; quel excès de pudeur !
Ainsi l'on vit des rois aller d'un pas tranquille
Visiter leurs sujets en simple habit de ville.
Qu'importe ! à ton entrée on peut voir le plaisir
Sur les fronts déridés comme un frisson courir,
Et ton nom répété vole de bouche en bouche :
Voilà Perrint, dit-on, c'est Perrint ! Quelle touche
Assez fine pourrait peindre ce beau moment ?
Et chacun bat des mains avec énivrement,
Car on sait que bientôt on va pouvoir t'entendre
Entonner la chanson grave, frivole ou tendre.
Mais après quelque temps, temps bien long , bien
[cruel,
On t'appelle... C'est toi ! tu réponds à l'appel ;

Tu te lèves ; alors on peut juger en somme
Que Perrint vu de bout est vraiment un grand homme!
Dans ton chant quel éclat et surtout quel applomb,
Ce ne sont pas pes mots, poète, c'est du plomb
Fondu que tu répends de ta bouche inspirée,
La foule, en t'écoutant, reste comme atterrée !...

Aux ris bruyants j'ai vu succéder bien des pleurs.
J'ai vu Perrint, j'ai vu ton front paré de fleurs,
Et même, tu le sais, pour épreuve dernière,
On a lancé sur toi toute une jardinière ;
Mais ces tributs un jour paraîtront trop légers,
Prends garde ! on t'enverra des caisses d'orangers !!
C'est beau ! c'est grand ! c'est noble ! heureux sont
[les poètes
Que l'on honore ainsi dans de semblables fêtes !
Heureux, heureux celui qui regagne son lit
Après avoir touché le pan de ton habit !

CHARLES REGNARD.

Imp. de Pollet et Ce, r. S.-Denis, 380. (VERT).

LA
COURONNE CHANSONNIÈRE,

DÉDIÉE

A M. J.-P. DE BÉRANGER.

Musique de Francisque cadet.

Avec un gracieux sourire,
Hier, Lisette, en m'embrassant,
Me disait d'un ton caressant :
De fleurs je veux orner ta lyre. (*bis*.)
Chante, ami, pour te délasser,
Et des trésors de ce parterre,
Moi, pour ton front je vais tresser
Une couronne chansonnière. (*bis*.)

1844. 2ᵉ *Volume*   15

Je vais mettre à ton diadême
Ce lys qui s'ouvre avec fierté.
— Lise, de la simplicité
Choisis plutôt l'heureux emblème ;
Bien souvent mon luth amoureux
Fêta la saison printannière :
L'humble bluet conviendrait mieux
A ma couronne chansonnière.

— Je vais dérober une tige
A ce laurier chéri de Mars.
— Mais de la guerre les hasards
Jamais ne m'ont séduit, lui dis-je,
Eh ! puis la palme du guerrier
Est teinte du sang de son frère.
Ajoute plutôt l'olivier
A ma couronne chansonnière.

Ne déshéritons point l'abeille ;
L'Éternel lui donna la fleur,
Et ce généreux Créateur
Fit pour nous les blés et la treille.
A la grappe que nous pressons
Pour colorer notre misère
Joints un épi de nos moissons
Dans ma couronne chansonnière.

Aux champs fleuris de la jeunesse,
Butinant pour nos passions,
Amassons des sensations
Pour embellir notre vieillesse.
Puissé-je, usant bien mes printemps,
Revoir à mon heure dernière
Briller mes rêves de vingt ans
Sur ma couronne chansonnière.

ENVOI.

Te le dirai-je enfin? Ma belle
En me comblant de ses faveurs,
A mon bandeau parmi les fleurs
Vient d'ajouter une immortelle;
Mon front ne saurait la porter,
Toi, dont les beaux vers savent plaire,
O Béranger! daigne accepter
Cette couronne chansonnière.

ALEXIS DALÈS.

STELLA MATUTINA.*

Perle d'or, poussière enflammée,
Dernier reflet d'un ciel ardent,
OEil des nuits, précieux camée
Qui resplendis à l'occident,
De l'univers faible parcelle
Pourquoi rester jusqu'au matin ?
Tu sembles être l'étincelle
Que jette un foyer qui s'éteint.

Stella matutina, l'aurore
Déjà balance à l'horizon
Ses flocons de pourpre, et colore
Les pointes vertes du gazon ;

---

* Ces strophes peuvent se chanter sur l'air :
Sainte Thérèse, ô ma patronne !

Vois-tu comme sur notre terre
Surgissent la lumière et l'air?
Vois-tu passer avec mystère
Chaque jour ainsi qu'un éclair ?

Le monde qu'éclaire ta flamme
Est donc bien grand, est donc bien beau,
Puisque tu luis encor, belle âme,
Devant notre divin flambeau !
Au lieu de fuir d'un vol rapide
Dès que paraît son feu vermeil,
Tu restes dans l'azur limpide
En face de notre soleil !

Incroyable et divin symbole
De la sublimité des cieux,
Si ton éclatante auréole
A cette heure brille à nos yeux,
Oh ! c'est pour nous montrer sans doute,
Dans ta gloire et dans ta grandeur,
Que tu n'as jamais sur ta route
Pu rien perdre de ta splendeur.

Que tu sois belle, grande, immense,
Que ton feu dans le ciel semé
Soit de la plus exquise essence
Dont un astre ait été formé,

Va, n'en tire point tant de gloire :
Dieu t'a mesuré chaque jour
Comme à nous, et dans sa mémoire
Il nous confond avec amour.

Flots, terre et cieux, brise qui passe,
Homme, lion ou faible oiseau,
Planète roulant dans l'espace,
Insecte ou fleur, chêne ou roseau,
Tout naît, souffre, rit ou palpite,
Tout avec lui suit son chemin,
Tout se meut, végète ou gravite,
Tout vit à l'ombre de sa main !

CHARLES REGNARD.

THOMAS LAFLEUR.

Air : Ah ! comme on entrait.

Mortels généreux
Qui pleurez à l'apothéose
Dans un cas piteux
Où l'on sent toujours quelque chose,
Veuillez m'écouter,
Car je vais chanter,
Sans blesser aucune narine,
Le malheur qui tua Fifine
Et Thomas Lafleur,
Son bon serviteur.

Thomas dit Lafleur,
Jeune encore et quoique novice,
Sans être acoucheur,
Fort à temps il rendit service
A Fifine, amour
Qui reçut le jour

Au fond d'une chaise percée,
En naissant fit la traversée,
  Et Thomas Lafleur
  Fut son serviteur.

  La joie éclata
A ce baptême si splendide
  Où Thomas goûta
Les bons mets et le doux liquide;
  Gros et sans chagrin,
  Le ventre bien plein,
Chez Fifine, un peu minaudière,
On voyait toujours par derrière
  Thomas dit Lafleur,
  Son bon serviteur.

  Fifine, en croissant,
Maladive et par habitude,
  Le comblait... souvent
De... bontés sans faire la prude ;
  Il fut son soutien,
  Et vous sentez bien
Qu'elle fit là... sous sa toiture
Largement une route *sûre*
  A Thomas Lafleur,
  Son bon serviteur.

Elle était auteur
Et très bonne musicienne ;
Le valet... priseur,
Recevait aux pieds de sa reine
Un morceau divin ;
La déesse en train
Faisait, par un effet bachique,
Chanter au son de la musique
Thomas dit Lafleur,
Son bon serviteur.

On la maria ;
Mais l'hymen fut défavorable :
Elle s'ennuya
Chez Richard, époux détestable ;
Quand Monsieur montait
Vite elle guettait,
Redoutant toujours ses approches,
Cachait bien, crainte de reproches,
Thomas dit Lafleur,
Son bon serviteur.

En faisant un jour
De beaux... vers... sur ce domestique,
L'époux de retour
La surprit ; voici du tragique !

Comme un furieux
Saisit l'amoureux,
Puis, enlevant la jalousie,
Envoya sur la bourgeoisie
Thomas dit Lafleur,
Son bon serviteur.

Fifine au balcon
S'élança tout échevelée,
Perdant la raison,
L'œil en feu, fixa l'assemblée ;
La torche au dehors
Éclairait son corps.
J'ai vu la divine nature
Se lâcher... sur la sépulture
De Thomas Lafleur,
Son bon serviteur.

Plus d'un curieux
Accourut voir l'imcomparable,
Arrivant aux *lieux*
Le mouchoir fut indispensable ;
Chacun s'attendrit,
Fifine rendit...;

Sa belle ame, oh ! tourments funestes !
En tenant dans ses mains les *restes*
De Thomas Lafleur,
Son bon serviteur.

BAPTISTE LAMOME.

MARIEZ-VOUS DONC

A L'ÉGLISE.

Air : du Prince Eugène.

« Vous que l'hymen attire à son cortége,
Pleins de l'espoir de couler d'heureux jours,
Sachez qu'il faut pour que Dieu vous protège,
Que notre main bénisse vos amours, »
Ainsi parlait un prêtre à barbe grise
En exploitant jadis nos bons aïeux.
O vous, amans et craintifs et pieux,
Mariez-vous donc à l'église !

Lise, en tremblant, avant son mariage,
Était allée à confesse un beau soir ;
Elle ignorait ce que dans le ménage
Un mari seul peut laisser entrevoir,
Le confesseur en montra tant à Lise,
Qu'à son retour cet ange aux yeux si doux
En savait plus que son futur époux.
    Mariez-vous donc à l'église !

Suisse, bedeau, gueux, loueuse de chaises,
Enfant de chœur, Vicaire, Sacristain,
D'un marié qui n'avait pas ses aises,
Lorgnaient la bourse en braillant du latin ;
Le pauvre fou, qu'un tel fait martyrise,
Leur donne à tous tant et tant sans compter,
Qu'il est bientôt obligé d'emprunter :
    Mariez-vous donc à l'église !

Un bon enfant fit choix d'une compagne
Qui voulut suivre avec religion
Les saints avis que toujours accompagne
Du doux lien la bénédiction :
Pendant le temps que madame, à sa guise,
Chantait la messe et se croisait les bras,
Monsieur pestait et ravaudait ses bas :
    Mariez-vous donc à l'église !

« Époux jobard, vous devez (dit un prêtre
Sur les degrés de l'autel de l'hymen),
Ne pas frauder quand vous serez le maître,
De pénétrer dans le verger d'Eden. »
Jobard agit avec tant de franchise,
Qu'il put montrer au bout de quelques mois
D'un fruit normand deux pépins à la fois :
   Mariez-vous donc à l'église !

Un jeune couple allait, selon l'usage,
Suivi des siens, au temple pour s'unir,
Quand un convoi, de funeste présage,
A leur regards tout-à-coup vint s'offrir :
Adieu gaîté ! la troupe se divise
En emportant le souci dans le cœur.
Faibles d'esprit, pour trouver le bonheur,
   Mariez-vous donc à l'église !

Eugène Berthier.

L'ASTRONOME DU PONT-NEUF.

Air de la *Treille de sincérité.*

L'astronomie
Charme la vie,
Approchez tous, rien n'est si beau ;
Du Pont-Neuf je suis l'Arago.

Messieurs, à mon observatoire
Les places sont au grand rabais,
Un sou ! c'est à ne pas y croire,
Pour voir la lune et ses forêts,
Ses mers et ses hautes montagnes,
Ses prés et ses riants coteaux,
Ses champs et ses vertes campagnes,
Jusqu'à ses plus petits ruisseaux.

L'astronomie, etc.

Vous y verrez de grandes villes,
Des hameaux mais point de châteaux ;
Les peuples y vivent tranquilles,
Sans rois et sans *municipaux,*

Tous les jours pour eux sont des fêtes,
Leur carnaval dure dix mois,
Pour temples ils ont des goguettes,
Où Momus seul dicte des lois.

  L'astronomie, etc.

Si vous leur parliez de police,
De corps-de-garde, de prisons,
Ils vous répondraient sans malice :
« Ces plaisirs nous les ignorons.
« Mais veuillez bien, gens de la terre,
« Nous apprendre l'art d'en user,
« Nous ne savons qu'emplir un verre,
« C'est peu, daignez nous excuser. »

  L'astronomie, etc.

Surtout, de notre politique
Ne les entretenez jamais,
Ce mot leur donne la colique,
Car ils en savent les effets,
Une comète babillarde
A dit que nos dissentions
Ne profitaient qu'à la camarde,
Puis à quelques ambitions.

  L'astronomie, etc.

Si vous êtes las de la Lune,
Observons Mercure à son tour,
Le soleil toujours l'importune,
Et le cuit comme dans un four.
S'il l'allait fondre, gare aux hommes !
De pareilles douches, vraiment,
Nous guériraient, fous que nous sommes,
Un peu trop radicalement.

L'astronomie, etc.

Mais, voilà que là-haut l'on baisse
La toile sans nous prévenir,
C'est malheureux, je le confesse,
Car j'étais bien loin de finir.
A demain ; de votre présence
Accordez-moi souvent l'honneur,
Et bientôt, grâce à ma science,
Vous saurez votre ciel par cœur.

L'astronomie
Charme la vie :
Rien au monde n'est aussi beau
Que la science d'Arago.

VINCENS.

Imp. de Pollet et C⁰ r. S.-Denis, 380. (VERT).

LE CONVOI

DE

JACQUES LAFFITTE.

(19 juin 1844.)

Air : Il sont partis en se donnant la main

(de Morizot).

Laffitte est mort!... et la France attristée,
Couvrant son front d'une écharpe de deuil,
Comme une mer par le vent agitée
En flots plaintifs inonde son cercueil !
Les souvenirs, qui s'éveillent en nombre,
Du fond des cœurs reprenant leur essor,
Autour du char où la probité dort,
En voltigeant vont caresser son ombre...
Sur ce tombeau que nos pleurs vont bénir,
Echos du peuple, instruisez l'avenir !

Là, coude à coude, à ce convoi du juste,
Chefs et soldats, peuple, soutiens des lois,
Grands et petits font un cortège auguste
Qu'avec orgueil envîraient tant de rois !
C'est que son ame était un sanctuaire
Dont le portique ouvert au genre humain,
Nous laissait voir le gracieux chemin
D'où, jusqu'aux cieux, s'élançait la prière...
Sur ce tombeau que nos pleurs vont bénir, etc.

C'est que sa vie était un champ fertile
Où chaque pauvre, oubliant ses douleurs,
Pouvait cueillir, sous un ciel plus tranquille,
Bluets d'azur, blonds épis, fruits et fleurs ;
C'est qu'aux grands jours de sa nouvelle histoire,
En haletant, la grande nation,
Comme le Christ aux autels de Sion,
Sur ses vertus vint appuyer sa gloire !...
Sur ce tombeau que nos pleurs vont bénir, etc.

C'est que pilote, alors que la tempête
Le fit sombrer sur l'écueil du Destin,
Il reparut levant vers Dieu sa tête,
Comme un fanal qui brille au port lointain.

Puis au saint lieu il revit son étoile;
Et, plein des feux d'une noble fierté,
Au souffle pur de son intégrité
En souriant il présenta sa voile...
Sur ce tombeau que nos pleurs vont bénir, etc.

A ses côtés, marchant d'un pas austère,
Un bon vieillard, que cherchent tous les yeux,
Semble, en pleurant, reprocher à la terre
De lui ravir cet ami précieux...
Car l'amitié, rose toujours fleurie,
Sut leur donner, ô sublimes trésors !
Un même esprit pour animer leurs corps,
Un même cœur pour chérir la patrie !...
Sur ce tombeau que nos pleurs vont bénir, etc.

Soleil éteint, jusqu'à ta dernière heure
Si tes rayons s'abaissèrent sur nous,
Au seuil glacé de ta triste demeure,
Jacque, en priant nous tombons à genoux.
Des libertés, vous qui réglez la somme,
Vous qui brillez au faîte du pouvoir,
Si vous cherchez le sentier du devoir,
Inclinez-vous : ci-gît un honnête homme !
Sur ce tombeau que nos pleurs vont bénir, etc.

        J.-F. BAILLY.

FILEZ, BLONDE JEUNE FILLE.

Air : Pour nous quitter, embrassons-nous
(de Paul Henrion).

Allons, ma blanche jeune femme,
Le vent soulève vos rideaux,
Et le soleil mouille sa flamme
Aux diamans de vos carreaux.
Au coin du feu, quand il pétille,
Et tandis que le ciel est noir,
Filez, ma blonde jeune fille,
Au doux refrain d'un chant du soir.

Une vieille, à pied sur la neige,
Tend ses deux bras tremblants vers moi,
Sans un haillon qui la protège,
Elle sanglotte ! il fait si froid !
Au ciel quand nul rayon ne brille
Il faut revêtir le malheur !
Filez, ma blonde jeune fille,
Une robe pour la douleur.

Une femme, hélas! devint mère
Hier quand il gelait si fort ;
L'enfant ne verra pas son père,
Car de froid le pauvre homme est mort !
Pauvre mère! elle est sans famille,
Le pain est cher, le malheur grand :
Filez, ma blonde jeune fille,
Un beau lange pour son enfant.

Enfant pour qui pleure et réclame
Au carrefour de la cité,
Filez, filez, ma blonde femme,
Un lambeau pour la charité.
Hélas ! si personne n'habille
Le pauvre souffrant, il mourra :
Filez pour lui, ma jeune fille,
Et le Bon Dieu vous bénira !

Pierre Cauwet.

A MES AMIS.

Air Nouveau.

Amis, chantons, chantons toujours,
Des doux plaisirs suivons gaiment le cours.
Bacchus nous réveille,
Courons sous la treille
Passer de beaux jours.

Le temps, amis, sans pitié nous entraîne,
A son courant ne nous opposons pas,
De fraîches fleurs parsemons son domaine,
Et le bonheur nous ouvrira ses bras.

Amis, chantons, etc.

Que l'amitié chez nous règne sans cesse
Et dégustons les vins les plus fameux;
En caressant une aimable maîtresse,
Anticipons sur le bonheur des dieux.

Amis, chantons, etc.

A nous, amis, tout ce qui peut sur terre
Et nous charmer et nous rendre joyeux,
Du noir chagrin secouons la poussière
Qui trop souvent vient blanchir nos cheveux.

    Amis, chantons, etc.

Mes bons amis la vie est passagère,
Si dans son cours s'échappe le bonheur,
Souvenons-nous qu'au fond de notre verre
Il est encore un baume à la douleur.

    Amis, chantons, chantons toujours,
Des doux plaisirs suivons gaiment le cours.
    Bacchus nous réveille,
    Courons sous la treille
    Passer de beaux jours.

VINOT.

LE PETIT POLISSON.

Air : Tu n'auras pas, p'tit polisson.

Veux-tu finir, p'tit polisson !
    Ta main lutine
      Me taquine ;
Veux-tu finir, p'tit polisson !
De qui diable as-tu pris leçon ?

Enfant, ton langage est superbe ;
Mais, crois-moi, calme ton ardeur :
Le petit jargon d'un imberbe
Ne peut toucher le fond d'un cœur.

    Veux-tu finir, p'tit polisson, etc.

D'un amant pour jouer le rôle,
Tu prends bien la grâce et le ton ;
Il ne te manque, petit drôle,
Que la flèche de Cupidon.

    Veux-tu finir, p'tit polisson, etc.

Hier encore avec des billes
Tu sus t'amuser tout le jour ;
Maintenant, pour jouer aux quilles,
Tu voudrais des pommes d'amour.

    Veux-tu finir, p'tit polisson, etc.

L'œillet peut grandir près des roses,
Je le sais ; mais, faible avorton,
De celui que tu me proposes,
Je n'aperçois que le bouton.

Veux-tu finir, p'tit polisson, etc.

Malgré son joli savoir-faire,
Fripon, si tu vis aujourd'hui,
Devant moi se courbait ton père ;
Dois-tu te redresser pour lui ?

Veux-tu finir, p'tit polisson, etc.

Effronté, ton espièglerie
Sait donc mettre tout à profit ?
Parce qu'on m'appelle Marie,
Tu veux faire le Saint-Esprit ?

Veux-tu finir, p'tit polisson, etc.

En ce moment, vilain profane,
Je suis Ève et toi le serpent ;
Mais quel changement ! Dieu me damne,
Petit, comme te voilà grand !

Veux-tu finir, p'tit polisson, etc.

Tiens, j'entends la voix de ta mère ;
Eh ! vite, comme un papillon,
Cache-toi, petit teméraire,
Sous les plis de mon cotillon.

Mais finis donc, p'tit polisson !
  Ta main lutine
   Me taquine ;
Mais finis donc, p'tit polisson !
De qui diable as-tu pris leçon ?

Eugène PETIT.

COUP-D'ŒIL SUR LA CHANSON.

Air Ah ! quelle est gracieuse et belle

(de Joseph Vimeux).

C'est une vive chansonnette,
 Joyeuse et coquette,
Qui seule peut chasser les pleurs
 De tous les cœurs.

Que j'aime ses airs sans façon
Et sa vive désinvolture !
Elle est l'enfant de la nature ;
Sans gêne parle la chanson.

Dans son enfance triolet,
Puis ballade avec les trouvères,
La chanson née au choc des verres
Sous Panard d'esprit se parait.

Un jour, quittant son air malin
Et ses joyeuses habitudes,
De quelques refrains un peu rudes
Elle fustigea Mazarin.

Monsieur l'abbé de Lattaignant
Lui mettait du fard et des mouches ;
Quatre-vingt-neuf aux cris farouches,
Plus tard l'étouffa dans le sang.

Désaugiers, Ségur et Gouffé,
Près d'eux la grisèrent à table
Elle chantait le confortable,
Son jupon était dégraffé.

Notre immortel de Béranger,
Qui nous prodigua l'harmonie,
Pour se délasser du génie,
Souvent chez lui la fit loger.

Nous maintenant, faibles rimeurs,
A qui la chanson vient sourire,
Ayons grand soin de ne rien dire
Qui ne passe avant par nos cœurs.

Enfin soyons bien attentifs
Aux préceptes du vieil Horace,
Rions sans faire la grimace,
Et ne pleurons point sans motifs.

C'est une vive chansonnette,
   Joyeuse et coquette,
Qui seule peut chasser les pleurs
   De tous les cœurs.

CHARLES REGNARD.

L'OMBRE DU MARÉCHAL NEY,

A SES COMPATRIOTES,

DÉDIÉE

A M. Hilaire, Secrétaire du Maréchal.

Air : de l'ermite de St-Avel.

Quel est ce fantôme livide
Qui plane sur le Luxembourg ?
Ses cris frappent l'oreille avide
Des passants du noble faubourg.
C'est l'ombre du brave des braves !
Elle dit, prenant son essor :
« Ton soleil ne veut pas d'entraves!!   (bis.)
« Français, il peut briller encor.

« Regarde la voûte éthérée,
« Tu verras les chagrins écrits :
« Des fêtes de Lutèce éplorée,
« Et le nom des braves proscrits !...
« Que ton œil perce le nuage
« Qui couvre un ciel d'azur et d'or ;
« Le destin y trace une page...
« Français, tu pourras lire encor.

« Aux yeux de l'Europe trompée,
« Le fier palais de Médicis
« A vu ma poitrine frappée
« Par de vieux soldats indécis.
« Si mon sang a rougi les dalles
« Et le seuil d'un noir corridor...
« En tombant j'ai béni leurs balles !...
« France ! il faut les bénir encor...

« Juillet t'a rendu l'auréole
« D'Austerlitz, d'Ulm, d'Iéna ;
« Et replacé le preux d'Arcole
« Sur le bronze qu'il te donna.
« Peuple, garde cette richesse.....
« C'est pour toi le plus beau trésor !...
« Que ton front jamais ne s'abaisse...
« Car tu pourrais le perdre encor !...

« Dormez en paix, fils de la gloire,
« Sur les bords de la Moscowa,
« Sous les lauriers que la victoire
« Sur vos corps glacés éleva...
« Le Russe a pâli quand la guerre
« Vous conduisit du sud au nord...
« Un jour s'il laboure sa terre...
« Vous le ferez pâlir encor !! »

Mais déjà l'ombre est disparue,
Un bruit sorti du sein des airs,
Annonce à la foule accourue
L'arrêt qui frappe les pervers...
Thémis rajuste ta balance,
Et viens dire aux membres du for :
Vous avez désolé la France !...
Vous la faites gémir encor !!

GUILLEMÉ.

TRISTE.

Musique de M. Jules BARBOT.

Genêts qui parfumez mes rêves,
Cabane où j'ai reçu le jour,
Vagues qui jetiez à nos grèves
Des chants et des baisers d'amour,
Plage algueuse où le flot sonore
Balançait mon penser rêveur,
Hélas ! vous reverrai-je encore ?
C'est le pays habité par mon cœur.

Berceau de mon espiègle enfance,
Berceau de mes premiers amours,
Où dans une heureuse ignorance
Et sur des fleurs coulaient mes jour

O seuil de ma blonde maîtresse !
Parlerai-je encor de bonheur
Sous ton cep qu'un rayon caresse?
C'est le pays habité par mon cœur.

Vous reverrai-je, toit champêtre,
Frais gazons, limpides ruisseaux ?
Ma patrie aujourd'hui peut-être
Pour moi n'a plus que des tombeaux...
Mais mon perpétuel voyage
Te poursuit, ô clocher railleur !
Dans un perpétuel mirage...
C'est le pays habité par mon cœur.

Bercé par ta vague chanteuse,
Je veux encor dans tes roseaux
Dormir ! que cette mer houleuse
Y reporte du moins mes os...
O liberté ! quand je succombe,
Martyr de plus, sous l'oppresseur,
Sur ton sol je veux une tombe :
C'est le pays habité par mon cœur.

Christian SAILER.

Imp. de Pellet et Ce r. S.-Denis, 380. (VERT)

LES CANOTIERS DE PARIS.

Air des Moissonneurs.

Voyez ces barques pavoisées,
Riches de guirlandes de fleurs,
Ces vareuses rubanisées
Mariant leurs vives couleurs :
Comme l'onde capricieuse } *bis.*
Va, vient, la foule bienheureuse... }
Accourez de tous les quartiers, } *bis.*
    Francs canotiers!

Prés fleuris que la Seine arrose,
Quel bonheur de vous côtoyer !
Sur mille objets l'œil se repose ;
Comment pourrait-on s'ennuyer ?
Voilà comme, l'ame ravie,
Suivent le fleuve de la vie,

Plus gais, plus fiers que des rentiers,
  Les canotiers !

Ils aiment le jus de la treille,
Bien que passionnés pour l'eau...
On les voit, dès l'aube vermeille,
A *Bercy* puiser au tonneau :
Qui chante le mieux : « verse ! verse ? »
Qui sait faire aller le commerce ?..
Demandez aux cabaretiers...
  Les canotiers !

Empressés auprès du beau sexe,
Français, noceurs et troubadours,
Leur canot est comme une annexe
De Paphos, l'île des amours...
Ils jurent à toutes les belles
De leur être toujours fidèles...
En amour sont-ils carottiers,
  Les canotiers !..

Ils étaient des marins d'eau douce,
Nos pères, enfants de Paris !..
Pourtant, aux cris : « A la Rescousse !
« France ! Montjoie et St-Denis ! »

Ils ont mis bien des fois en fuite
Anglais et traîtres à leur suite...
Et nous sommes leurs héritiers,
    Vrais canotiers!!!

Fraternité! c'est la devise
De tout cœur noble et généreux;
A l'égoïsme qui divise
Faisons filer trente-six nœuds...
L'avenir riant nous appelle
Vers une autre plage plus belle!
Ramons les nuits, les jours entiers,
    Bons canotiers!

EMILE VARIN.

L'EXILÉ.

A MES AMIS.

Air : Votre cœur m'est fermé (Paul Henrion).

Vous dont les chants joyeux égayaient ma jeunesse,
Vous ne remarquez pas un vide dans vos rangs?
Vous ne connaissez pas mes ennuis, ma tristesse,
Et pourtant ma tristesse et mes ennuis sont grands;
De me faire à l'exil, qui me livre à moi-même,
Je conservais l'espoir, l'espoir s'en est allé;
Amis, vous qui vivez dans la ville que j'aime,
Gardez un souvenir pour un frère exilé.

Dans les murs enfumés du temple de vos fêtes
La sainte poésie étale son trésor,
J'aime les gais refrains, les doux chants que vous
[faites,
J'aime votre amitié mille fois plus encor ;
En me ressouvenant de mes heures passées,

Je sens venir la joie à mon cœur désolé.
Amis, en échangeant vos vers et vos pensées,
Gardez un souvenir pour un frère exilé.

Un inconstant amour me touchant de son aile,
En redonnant la vie à mes esprits trop lourds,
Pourrait seul effacer la ride criminelle
Qui sillonne mon front et rembrunit mes jours;
Je rêve les baisers d'une folle maîtresse,
Je m'éveille et je pense à mon rêve envolé;
Amis, entre un baiser, entre un moment d'ivresse,
Gardez un souvenir pour un frère exilé.

Sur le désert marin comme au désert de sable, (1)
Ont brillé triomphants les étendards français;
Honneur de mon pays, honneur impérissable,
Te voilà donc vengé, vengé par des succès !
Des soldats, des marins, les efforts se confondent,
Leur courage est sublime et leur sang a coulé :
Amis, en parlant d'eux aux cœurs qui vous ré-
        [pondent,
Gardez un souvenir pour un frère exilé.

(1) Combats de l'Isly et de Mogador.

Chantez, que les échos à mon ame ravie
Apportent vos chansons dont je sais tous les airs;
Si vous saviez, amis, combien je les envie
Pour charmer, loin de vous, mes ennuyeux desserts!
Vous qu'accueillent partout de bienveillants sou-
[rires
Vous chez qui le plaisir est toujours intallé,
Lorsqu'un souffle inspiré glissera sur vos lyres,
Gardez un souvenir pour un frère exilé.

Charles Gille.

JE N' TROUVE RIEN.

Air : J'arrive à pied de province.

Amis plaignez mon délire,
   Car d'un fol espoir
Je m' leurais, il faut le dire,
   En voulant ce soir,
Par un trait, une bamboche
   Vous charmer un brin ;

Mais, dans ma pauvre caboche,
 V'là q' je n' trouve plus rien.

Quand j' vois du dieu de Cythère,
 Tous les malins tours,
Et de madame sa mère
 Les charmants atours :
D' compliments je n' serais pas chiche
 Pour ce p'tit vaurien ;
Mais d'Albert j' vois une affiche,
 Et je n' trouve plus rien.

Comm' ceux qu' la misèr' balotte,
 J'aime assez l'argent,
Et vers l'espoir quand je flotte,
 Sans être exigeant ;
Sur Plutus, sur ses sacoches,
 J' f'rais bien un p'tit refrain ;
Mais j'ai les mains dans mes poches,
 Et je n' trouv' plus rien.

C' matin en r'lisant l'histoire
 D' not' grand conquérant,
Qui gagna par tant de gloire,
 Le surnom de grand,
J'allais chanter c't intrépide,

Quand près d' moi, soudain,
J' vois passer un invalide,
V'là qu' je n' trouve plus rien.

J'entends toujours dir' que boire
   Donne de l'esprit,
Et rappelle la mémoire
   Lorsquell' s'appauvrit :
Moi, c'est l' contrair' que j'éprouve,
   Car de jus divin,
Plus je m' sens plein et plus j' trouve
   Que je n' trouve rien.

Enfin, voyant que ma muse
   Peut se dépister,
Pour elle, afin qu'elle amuse,
   Je veux emprunter
Du spirituel, du comique,
   Et je m' paie en vain,
Pour trois sous d'Echo Lyrique
   Et je n' trouve rien !
   Non je n' trouve rien !..

GABRIEL.

LE PRINTEMPS ET L'AMOUR.

VILANELLE.

Air d'un quadrille de Tolbecque.

Aux bois, aux champs,
Vient de fleurir la paquerette,
C'est le printemps
Et c'est l'amour, reviens fillette
Goûter en paix
Loin du village, sur l'herbette,
L'air pur et frais
Qui s'échappe de nos bosquets.

Oh ! quel concert harmonieux
Part de la terre
Pour s'envoler jusques aux cieux
Avec mystère !
Dans ces beaux jours
Où naît la fleur, où l'oiseau chante,

De nos amours
Écoutons bien la voix touchante.
   Aux bois, aux champs, etc.

Ils sont partis de nos vallons
   D'un vol rapide,
Les noirs et fougueux aquilons
   Que rien ne guide ;
   On n'entend plus
A cette heure dans le feuillage
   Des bois touffus
Que du zéphir le doux ramage.
   Aux bois, aux champs, etc.

Plus pure sous les verts tapis,
   L'onde babille,
La mouche à l'aile de rubis
   Vole gentille ;
   Charmant accord
Qui sous le ciel régit les choses !
   Un rayon d'or
Fait partout éclore des roses !
   Aux bois, aux champs, etc.

Quand tout se réveille au bonheur
   Dans la nature,

Ne sens-tu pas au fond du cœur
    Flamme plus pure ?
    Viens, viens aux champs,
Loin du monde la vie est douce;
    Viens ! les méchants,
N'ont pas foulé nos lits de mousse.
    Aux bois, aux champs, etc.

Charles Regnard

PARIS
n'a pas été fait en un jour.

Air : Amis, voici la riante semaine.

Dieu fut six jours à terminer le monde,
Aussi, voit-on tous les pauvres humains
Vivre incomplets sur la machine ronde,
Sublime ouvrage échappé de ses mains ;
Le temps, dit-on, ne fait rien à l'affaire,
Je le conteste ici sans nul détour
En choisissant ce dicton populaire :
Paris n'a pas été fait en un jour.

Un jeune auteur entre dans la carrière,
N'ayant pour lui qu'un douteux avenir,
Mais s'il s'exerce à franchir la barrière,
Un jour ou l'autre il pourra parvenir :
Son premier pas souvent n'est qu'une chute,
Il prendra bien sa revanche à son tour ;
Encourageons le talent qui débute...
Paris n'a pas été fait en un jour.

Avec le temps, la vieille académie
Pourra finir le langage français,
Mais je ne sais quelle chance ennemie
Rend chaque jour ses efforts sans succès ;
Hodier n'est plus... lui seul le pouvait faire,
Mais espérons qu'en leur docte séjour
Ils finiront leur gros vocabulaire...
Paris n'a pas été fait en un jour.

A sa moitié, le soir du mariage,
Un vieil époux, ivre de son bonheur,
A s'escrimer se mettait tout en nage
Afin de mieux attiser son ardeur ;
Il dit enfin : un peu plus tard, ma belle,
Je saurai bien te prouver mon amour,
Mais... aujourd'hui la nature est rebelle...
Paris n'a pas été fait en un jour.

Depuis longtemps chez nous que de promesses!
Au peuple on a promis la liberté ;
On a promis au pauvre des largesses,
On a juré la charte vérité ;
Tous ces projets sont-ils réduits en cendre ?
Sont-ils enfin envolés sans retour ?...
Encore un peu, tâchons de les attendre...
Paris n'a pas été fait en un jour.

On a fini par élargir les rues
Et nous marchons sur de vastes trottoirs,
Notre pays s'enrichit de statues
Et nous avons d'immenses réservoirs ;
Déjà nos yeux ont admiré Molière
Dans son fauteuil, au coin d'un carrefour...
Peut-être, enfin, y verrons-nous Voltaire ;
Paris n'a pas été fait en un jour.

FERDINAND OLIVIER.

A UN VIEIL AMI DE LA GOGUETTE

Air: Voisin, voisin, fumons ensemble.

Je vais d'un homme de bon sens
  Dire ce que je pense,
A la banlieue au moins dix ans
  Il eut la présidence.
Lui soumettait-on un couplet,
Les jaloux blâmaient sans sujet :
  Oh ! pour eux quel école !
Ses envieux froids et sans goût
Aujourd'hui sont connus partout,
  Partout, partout,
  Et cela le console.

Quand l'un parmi les coupletiers
  Croyant beaucoup mieux faire,
Vient lui dire que Désaugiers
  Du siècle est en arrière,

Si fatigué d'un tel bavard
Il peut avant lui sans retard
   Obtenir la parole;
Désaugiers il chante presto,
En chemin on entend bravo,
    Bravo, bravo,
      Et cela le console.

Il dit partant pour Bagnolet
   En comptant ses espèces :
Il ne me faut pas un mulet
   Pour porter mes richesses;
Narguant d'ici-bas les grandeurs
Dans un cercle de visiteurs
   Où l'estime s'accole,
Chez nous, dit-il, point de vautours,
Les pauvres gens s'aiment toujours,
    Toujours, toujours,
      Et cela le console.

Saluons, dit-il, en un mot,
   Dauphin que l'on oublie,
Avec René Fèvre là-haut
   A qui Debraux se lie ;
Combien nous ont-ils fait plaisir!

Donnons-leur donc un souvenir
　　En fixant la coupole;
Ils nous rappellent l'âge d'or,
Pour leurs chansons versez encor,
　　　Encor, encor,
　　Et cela le console.

Du chemin de l'homme loyal
　　Il ne quitte la ligne,
S'il doit finir à l'Hôpital,
　　D'avance il s'y résigne;
A son chevet, au lit de mort,
Loin d'insulter aux coups du sort,
　　L'amitié non frivole,
Dès qu'il paraîtra devant Dieu,
Ami, lui dira-t-elle, adieu,
　　　Adieu, adieu
　　Et cela le console.

BAPTISTE LAMOME.

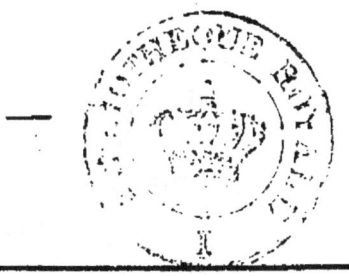

MARGUERITE.

Air de Fleurette (de Mlle Leïsa Puget).

Pourquoi te plains-tu, Marguerite,
Ange aux yeux bleus, ange au front blanc,
De ne pas grandir assez vite,
D'être encore toute petite,
Et de n'avoir qu'un cœur d'enfant?
Ne sais-tu donc pas, ma charmante,
Que l'on aime mieux une fleur
Jeune, pure, fraîche et brillante,
Qu'une fleur pâle et languissante :
Garde bien, garde ta candeur.

Laisse voltiger les doux rêves
Sur ton esprit tout frais encor,
Aspire le parfum des sèves,
Belle enfant, ô toi qui ne rêves
Que jeux, que ris sous ton ciel d'or!

Ignorant qu'il est éphémère,
Goûte doucement le bonheur ;
Rien ne peut remplacer sur terre
Les baisers que donne une mère :
Garde bien, garde ta candeur.

Dès que sur nous l'âge se pose,
Il fait évanouir, vois-tu,
L'illusion riante et rose,
Et nous voyons dans chaque chose
Alors le vice ou la vertu.
Toi, jeune fille, rien n'oppresse
La virginité de ton cœur ;
C'est l'ignorance enchanteresse
Qui te berce et qui te caresse :
Garde bien, garde ta candeur.

Charles Regnard.

LA BOITE DE PANDORE.

Air: De la treille de sincérité.

Ah! de la boîte de Pandore
Le mal à s'échapper fut prompt !
L'espoir seul est encore
Au fond.

Alors qu'elle était bien fermée,
Un soldat, avide de sang,
Alla, se rendant à l'armée,
Porter sur elle un bras puissant.
« Ouvrons-la ! de cette équipée,
« Je rirai bien (dit le héros);
« Grâces au fer de mon épée,
« Je ferai sortir tous les maux.
   Ah ! etc.

A son tour, d'un temple d'Athène
Anitas sortit en sournois,
« De cette boîte on peut, sans peine,

« (Dit-il,) séparer les parois :
« Mon goupillon plein d'eau lustrale,
« Saura la réduire en morceaux ;
« Malgré Socrate et sa morale,
« Je ferai sortir tous les maux. »
   Ah ! etc.

Une lubrique courtisane
Dont on dédaignait les appas,
Se dit, en maudissant Diane :
« Vengeons-nous des galants ingrats :
« La boîte que mon œil découvre
« Vaudra le venin de Paphos,
« Si mon busc adroitement l'ouvre,
« Je ferai sortir tous les maux »
   Ah ! etc.

En rendant autour du prétoire
Un scribe, fort en malins tours,
S'écria : « De mon écritoire
« Les cliens n'usent pas toujours ;
« Cette boîte-là, je présume,
« Pourra décupler mes travaux ;
« Dans ses joints glissons-y ma plume,
« Je ferai sortir tous les maux. »
   Ah ! etc.

Un puissant monarque d'Asie,
Qui s'intitule Roi des Rois,
Eut la plaisante fantaisie
D'exercer sur elle des droits.
« Le bien public (dit-il) me choque,
« Cette boîte vient à propos,
« Que mon sceptre ici la disloque,
« Je ferai sortir tous les maux.
      Ah ! etc.

Après mille vicissitudes,
Sa triste fin ne put tarder ;
Après tant d'assauts aussi rudes,
La pauvre boîte dût céder.
Elle s'ouvrit !!! l'homme sur terre,
Perdit, hélas ! santé, repos ;
Mais l'espérance salutaire
Accourut adoucir ses maux.
Ah ! de la boîte de Pandore,
Le mal à s'échapper fut prompt !
  L'espoir seul est encore
      Au fond.

JUSTIN CABASSOL.

JE SUIS GARÇON.

Air : A ta santé (dans Barbe-Bleue).

Je suis garçon,
Sans embarras, sans nulle gêne,
Je garde ou quitte la maison ;
Je dors, bois, mange et me promène,
Bref, jusqu'ici rien ne m'enchaîne :
    Je suis garçon.

Je suis garçon,
J'ai pour tout meuble une couchette,
Mon trousseau tient dans un chausson :
Ennemi de toute étiquette,
Je vais diner à la goguette ;
    Je suis garçon.

Je suis garçon,
Chez moi jamais aucun tapage,

Pas la plus petite raison;
Plus d'un époux voudrait, je gage,
Dire, ennuyé du mariage :
    Je suis garçon.

    Je suis garçon,
J'ai reçu ce matin Adèle,
Ce soir même j'attends Lison ;
Demain j'irai trouver Estelle...
Il m'est permis d'être infidèle,
    Je suis garçon.

    Je suis garçon,
Est-il plus amoureuse vie,
Plus aimable condition ?
A rien elle n'est asservie ;
L'être le plus digne d'envie,
    C'est un garçon.

HIPPOLYTE MAIGNAND.

L'HIRONDELLE.

Air : Le bon vin, la franche gaîté.

Le vallon sourit au printemps ;
Hirondelle,
Au même toit fidèle,
Et modèle
Aussi des cœurs constants,
Prélude d'un coup d'aile
Au bonheur que j'attends.

Des beaux jours tendre messagère,
En ta course errante et légère,
Tu folâtres dès le matin,
Le bec chargé d'un modeste butin ;
Riche alors du bien que tu portes,
Gazouillant au front de nos portes,
Tu voles près de tes petits,
De leur nid babillard calmer les appétits.
      Le vallon, etc.

T'exilant lorsque la froidure
Envahit la pâle verdure,
Tu parcours de lointains climats;
Mais tu reviens au départ des frimas.
Chaque fois, diligente et vive,
Ton logis bientôt se ravive;
Et le même asile toujours
Abrite au même endroit de semblables amours.

  Le vallon, etc.

Aux abords de la cheminée,
En ton gîte ainsi ramenée,
Tu parais, et l'homme des champs
Te rend l'objet des soins les plus touchants.
Tu détruis l'insecte nuisible,
Un orage encore invisible,
Tu le peins en rasant le sol,
Et le beau temps renaît quand s'élève ton vol.

  Le vallon, etc.

Cher oiseau qui, sur d'autres plages,
Trouveras de nouveaux feuillages,
Si tu vois de nobles proscrits,
Malgré l'honneur, par le destin flétris,
Rappelant la rive natale,

Adoucis leur peine fatale ;
A ce magique souvenir,
Ranime en eux l'espoir d'un meilleur avenir.
    Le vallon, etc.

Sois propice à la bien-aimée,
Dont la main, d'espoir animée,
Entrelace près de ton cœur
L'heureux ruban de son heureux vainqueur ;
Il en sait le discret usage,
Porte lui ce joyeux message,
Et sur le chaume de retour,
Parle de ces amants aux échos d'alentour.
    Le vallon, etc.

Nous aussi, par reconnaissance,
Le foyer de notre naissance
En notre ame reste vivant,
Et nous aimons à le chanter souvent.
En tous lieux, oui, de la patrie,
Nous gardons l'image chérie,
Après une absence, à nos yeux,
Nos pénates encor semblent plus précieux.
    Le vallon, etc.

Du plaisir agile argonaute,
Que chacun veut avoir pour hôte,

Quand tu fuis, adieu la gaîté,
A ton aspect, que de félicité !
Comme toi, gentille courrière,
En notre inégale carrière,
Sachons, dans la joie ou les pleurs,
Aux ronces de la vie entremêler des fleurs.
Le vallon, etc.

Albert-Montémont.

LE FONTAINIER.

Air Prenez vos bottes, vos étrilles.

Je raccommode les fontaines,
Je vends par jour maintes douzaines
    De robinets ;
Doué des talents les plus rares,
Je sonne aussi force fanfares
    Sur deux cornets.

Entendez-vous ma ritournelle?
Voyez comment je patine un piston ;

Ohé ! — me voilà, qui m'appelle?
Des fontainiers c'est à moi le pompon.

Je pose de fortes canelles
Qui coulent comme des pucelles,
　　Raide, à plein bord ;
Elles ont même un avantage,
C'est de s'agrandir à l'usage
　　Un peu moins fort.
　Entendez-vous, etc.

Si par une faute maudite,
Quelquefois votre eau prend la fuite,
　　J'ai du ciment ;
Je peux réparer l'avarie ;
Plus d'une fille qu'on marie
　　En fait autant.
　Entendez-vous, etc.

Je possède dans ma boutique
De quoi contenter la pratique
　　Sur tous les points ;
Car j'ai des clefs de tout calibre,
Et pas un trou ne reste libre
　　Entre les joints.
　Entendez-vous, etc.

J'en vends aussi qui, par mystère,
N'ouvrent qu'à leur propriétaire
   Un fonds discret ;
Combien de maris, bonnes ames,
Voudraient posséder pour leurs femmes
   Pareil secret !
  Entendez-vous, etc.

Jamais mes filtres ne pourissent,
Car dans la fontaine ils durcissent
   Comme un caillou ;
Des hommes c'est tout le contraire,
Puisque plus on mouille à Cythère
   Plus on est mou.
  Entendez-vous, etc.

Mesdames, la chose est certaine,
Jamais le trou d'une fontaine
   N'est trop étroit ;
Or, si vos filtres infidèles
Ont besoin de grosses canelles,
   Appelez-moi.
  Entendez-vous, etc.

              Victor Rabineau.

RESPECTONS TOUS LES DIEUX.

Air: Entrez, entrez enfants de la folie, de G. Leroy.

L'humanité court après un mirage;
Chacun en vain compte sur l'avenir,
Heureux celui qui, fixé sur la p'age,
D'un beau printemps profite, et sait jouir.
Sans raisonner les effets ou la cause
D'un culte saint, culte mistérieux,
Croyons au bien que sa loi nous propose,
Faibles mortels, respectons tous les dieux.

Dans l'âge heureux de notre adolescence,
On sent déja murmurer dans son cœur
Certain besoin annonçant la présence
Du doux chemin qui conduit au bonheur;
Puis l'amour vient et verse goutte à goutte,
Un plaisir pur, plaisir délicieux;
Ah! si de fleurs il pare notre route.
Faibles mortels, respectons tous les dieux.

Bientot après le nom de la patrie
Vibre en nos cœurs, commande les hauts faits;
J'entends encor cette voix qui nous crie :
Partez enfans, vengez le nom français.
Mars a parlé. chez nous pas de réplique,
La gloire alors, au disque radieux,
Place à nos fronts la couronne civique ;
Faibles mortels, respectons tous les dieux.

Chez l'homme alors un lien de famille
A son esprit vient imposer ses lois,
Dans l'avenir il voit un point qui brille,
Société, tu reprends tous tes droits !
L'hymen enfin donne à son existence
Un nouveau lustre, un fruit bien précieux;
De ses vieux ans s'il est la jouissance,
Faibles mortels, respectons tous les dieux.

Quand de sa vie arrive enfin le terme,
Heureux s'il peut dire en quittant le port :
Oui, jusqu'ici j'ai marché d'un pas ferme,
Entre tes mains, mon Dieu, je mets mon sort.
A son chevet la divine espérance
En souriant lui découvre les cieux,
D'un peu de bien telle est la récompense ;
Faibles mortels, respectons tous les dieux.

TROISVALLETS.

A LAMENNAIS,

SUR SA CONDAMNATION.

Ils ont cru te flétrir, homme pur, homme grave
Dont le cœur a gémi sur nos calamités;
Ils ont cru te flétrir en mettant une entrave
A ta voix qui leur dit d'amères vérités.

Les insensés! comment n'ont-ils pas pu comprendre
Que, jeté toi géant au milieu d'eux les nains,
Plus leur vengeance avait de fiel à te répandre,
Plus tu ressortais pur de leurs ignobles mains !

En vain ton ennemi veut miner dans sa rage
Le noble piédestal où puissant tu t'assieds,
L'aigle qui prend son vol vers les flancs d'un nuage,
Ne craint pas le serpent qui rampe sous ses pieds.

CHARLES REGNARD.

Décembre 1840.

Imp. de Pollet et Ce. r. S.-Denis, 380. (VERT)

DÉCOURAGEMENT.

Air : Peut-on savoir où Dieu nous conduira ?

Vidons d'un trait notre coupe remplie,
A pleine voix chantons, soyons joyeux ;
Ne jetons pas la pierre à la folie,
Pour être sage en est-on plus heureux ?
Rêve riant qui charme et nous abuse,
L'illusion stimule le désir.
Oui, le plus sage est celui qui s'amuse,
Le plus savant celui qui sait jouir.

Pour oublier une ingrate maîtresse,
Cherchons ailleurs de nouvelles amours :
Nos vains regrets, nos pleurs, notre tristesse,
Ne nous rendraient aucun de nos beaux jours,
Vieux et railleur, le temps nous désabuse,
Ne soyons plus fidèles qu'au plaisir.
Oui, le plus sage est celui qui s'amuse,
Le plus savant celui qui sait jouir.

J'ai pénétré, mon Dieu, dans cette enceinte
Où la science analyse ta loi ;
Mais, égaré dans l'obscur labyrinthe,
Un doute affreux a dévoré ma foi.
D'un fil léger que le désespoir use,
Je cherche en vain le reste pour sortir.
Oui, le plus sage est celui qui s'amuse,
Le plus savant celui qui sait jouir.

De nos tyrans que nous font les querelles ?
Ah ! laissons-les se déchirer entre eux !
Dans leurs débats, dans leurs joûtes cruelles,
Ne soyons plus de stupides enjeux.
Pour compenser les droits qu'on nous refuse,
Tâchons au moins de nous appartenir.
Oui, le plus sage est celui qui s'amuse,
Le plus savant celui qui sait jouir.

L'amour de l'ordre et la philanthropie
Presque toujours sont payés par la mort :
Socrate, hélas ! condamné comme impie,
Par le poison voit terminer son sort.
Jésus, enfin, que le méchant accuse,
  ur une croix, jeune encor, vient périr.
 ui, le plus sage est celui qui s'amuse,
Le plus savant celui qui sait jouir.

Un vain laurier, que l'envie empoisonne,
Traîne après soi les chagrins et l'ennui ;
Ce que jamais un sot ne nous pardonne,
C'est de ne pas être un sot comme lui.
Pauvres rimeurs, délaissons notre muse !
Son chant si doux nous ferait trop haïr.
Oui, le plus sage est celui qui s'amuse,
Le plus savant celui qui sait jouir.

Christian SAILER.

A LA GAITÉ.

Air : Au plaisir consacrons nos jours.

Brille, brille folle gaîté !
    Et rieuse
   A face radieuse ;
De tes fleurs parant la beauté,
   Viens de l'humanité
   Bannir l'adversité !

Sur les ailes de la folie,
Viens à nous, déesse jolie !
La nature aux mille couleurs
Sur ton chemin éparpille ses fleurs.
Partout l'enfance et la vieillesse,
A ton flot puisant l'allégresse,
Relèveront tes saints autels
Et chanteront en chœur aux échos immortels :
　　Brille, brille, etc.

Sur ton front, coquette gentille,
Du plaisir l'étoile scintille,
L'éclat de ton riant minois
Est un miroir inconnu de nos rois.
Sous le chaume ou sous la tonnelle,
Toujours ton ardente prunelle,
En lançant son regard si pur,
Des cieux resplendissants va dérober l'azur !
　　Brille, brille, etc.

Toi qui nais où brillent les roses,
Deviens pour les ames moroses,
L'oasis au feuillage vert
Qu'au voyageur offre un brûlant désert.
Du beau feu que ton cœur recèle

Laisse échapper une étincelle,
Et l'ennui chassant le sommeil,
De l'astre aux rayons d'or saluera le réveil !
Brille, brille, etc.

Malgré la discorde jalouse,
Vois folâtrer sur la pelouse,
Cet essaim d'enfants beaux et frais
Dont ta présence a coloré les traits !
Plus loin, à l'ombre des vieux chênes,
Le vieillard, oubliant ses peines,
Sourit à ce groupe joyeux,
Et le vieil univers rajeunit à ses yeux !
Brille, brille, etc.

Sitôt que l'aube matinale
Revêt sa robe virginale,
Dans le nid du petit oiseau,
En sautillant porte un charme nouveau.
Sur les murs de l'atelier sombre,
En chantant projette ton ombre,
Et vingt marteaux retentissants
Mêleront aux chansons leurs accords bondissants!
Brille, brille, etc.

Comme la liberté féconde,
O gaîté, fais le tour du monde !
De ta main, qui sèche les pleurs,
Brise à jamais la coupe des douleurs !
Du destin comble les ornières,
Et, sous tes immenses bannières,
Réunis aux sons de ta voix.
Les ris et les amours, les peuples et les rois !
Brille, brille, etc.

J.-F. BAILLY.

LA PANTOUFLE

DE LA MARQUISE.

Air : On est si méchant au village.

La France subissait les lois
D'une insolente courtisane ;
Grades, titres, richesse, emplois,
Tout partait de sa main profane.

Dans un des lieux où point ne va,
Tel dont l'honneur est la devise,
Un jeune aventurier trouva
La pantoufle de la marquise.

Si l'aventure fait du bruit,
C'en est fait de la favorite !
Notre homme alors perd tout le fruit
De cette trouvaille émérite.
Un riche habit de cour, voila
Le secret d'une telle prise,
Et le sein du preux recela
La pantoufle de la marquise.

La cour avait depuis longtemps
Pour Versailles quitté le Louvre,
Le sire y vole, à deux battants
Devant lui chaque porte s'ouvre.
La fortune qui l'escortait
Secondait sa folle entreprise ;
Comme un talisman il portait
La pantoufle de la marquise.

De chevalier de l'éperon,
Grâce à ce petit soulier jaune,
En huit jours il fut fait baron,

Puis devint conseiller du trône.
Du reste il n'a que copié
Certains grands prélats de l'église,
Lesquels prirent pour marchepied
La pantoufle de la marquise.

De qui parlez-vous ? dira-t-on...
Sur ce je garde le silence,
Que ceux qui désirent un nom
Consultent l'armorial de France.
Notre baron fit à coup sûr,
Pour que sa gloire s'éternise,
Écarteler sur champ d'azur
La pantoufle de la marquise.

CHARLES GILLE.

TU N'IRAS PAS PLUS LOIN !

Musique de M. Jules Crespin.

Etre envieux de grandeur, de puissance,
Baisse le front et soumets ton orgueil !
A tes désirs, pour toi craignant l'écueil,
Dieu mit un frein digne de sa prudence.
Le créateur avec un égal soin
Chasse et dissipe un menaçant nuage,
Et dit au flot bouillonnant au rivage :
    Tu n'iras pas plus loin !

Levier en main pour soulever le monde
Un Archimède attend le point d'appui ;
Newton, Cuvier ont à peine aujourd'hui
Jeté le jour sur notre erreur profonde.
Si tout connaître est pour l'homme un besoin,
Glaces du nord ! cieux incommensurables !

Pourquoi ces mots toujours invariables :
   Tu n'iras pas plus loin !

Ambition ! au temple de mémoire
Si tu conduis par un chemin fleuri,
Nous avons vu ton héros favori
Pendre au cyprès un rameau de sa gloire !
De nos revers implacable témoin
Le vieux Kremlin, sous sa voûte brûlante,
S'écroule et dit, d'une voix pantelante :
   Tu n'iras pas plus loin !

Elu du peuple ! en dirigeant notre arche,
Crains du pouvoir les parfums enivrans ;
Faibles ruisseaux deviennent des torrens
Si leurs courans s'unissent dans la marche !
Nécessité frapperait sur son coin,
Comme en ces jours de soudaine victoire,
Et les échos diraient, tu peux m'en croire !
   Tu n'iras pas plus loin !

Selon Platon notre ame est immortelle ;
Le vrai croyant espère en ces houris
Dont le prophète orne son paradis ;

Jésus promet une vie éternelle !
Bonze, Muphti, Lévite, Talapoin,
Quand vous parlez, le doute se réveille,
Et l'homme entend crier à son oreille :
Tu n'iras pas plus loin!

A. SIGUY.

LA FOLICHONNE.

Air de la Polka populaire (de Strauss).

Ce que j'aime,
Bien suprême !
Ce qui charme et ravit mes yeux,
C'est la fille
Qui frétille
Et sautille
D'un air gracieux.

Voyez-là s'élancer vive et légère
En rasant la terre
D'un pas,
Plein d'appas
Quand la danse
Avec sa folle cadence,
Tour-à-tour
L'énivre de joie et d'amour.
Allons ! ma belle, encor
Plus fort,
Doux trésor !
Suis bien cet entraînant accord,
Car pendant ces jours de folie
Le plaisir est ton bon génie.
Allez !
Grandes comtesses
Et duchesses,
Vos salons dorés
Pleins de fronts ennuyés
Ne plairaient pas à ma mignonne,
Cette folichonne
Fuit tous les gens guindés.
Oui, cette fillette
Gentillette,
Met tout son bonheur
A voltiger de cœur en cœur,

Comme l'oiseau de fleur en fleur.
Ce que j'aime, etc.

En hiver, dans le fond d'une chambrette
Faire l'amourette,
Ne voir
Rien en noir ;
D'un volage
Punir vertement l'outrage
En donnant
Ses faveurs à quelque autre amant.
Au piquet, au billard,
Sans fard
Prendre part ;
Rire aux farces du boulevart
Et donner du fil à retordre
A quiconque voudrait la mordre,
Voilà
Le caractère,
La manière
Qu'on remarquera
Chez cette fille-là.
A la Chartreuse ou chez Mabile,
En luronne habile
Toujours on la verra ;
Cette insoucieuse

Si rieuse
Est un vrai rubis
Parmi tous les bijoux chéris
Que souvent on trouve à Paris.

Ce que j'aime, etc.

Mais du bal avant tout elle raffole,
Une gaudriole
Lui plaît
Tout-à-fait :
Le dimanche,
Avec une robe blanche,
C'est plaisir
De la voir, elle est à ravir ;
Puis au bras d'un galant
Fringant,
Bien souvent
Elle rentre à minuit gaîment ;
Alors elle livre au pillage
Tous les trésors de son bel âge.
Non, non,
Jamais craintive,
La naïve,
Du qu'en dira-t-on
Se moque tout de bon ;

Elle veut, faute de richesse,
Des biens de jeunesse
Profiter sans façon :
Ma foi ! je l'approuve
Et je trouve
Qu'on doit sans fierté,
Fleur des champs ou fleur de beauté,
Saisir au vol la volupté !

  Ce que j'aime, etc.

Charles Regnard.

LE BOUT DE VIANDE.

CONTE.

En ce temps-là, prêchait un bon pasteur :
» Il est, chers paroissiens, un bout de viande infâme,
  De mille maux cruel auteur,
Inventé par le diable, il perd l'homme et la femme;
Instrument de désordre et de damnation,

Ce bout de viande sème, en sa rage infernale,
L'abomination, la désolation ;
    Persécuteur de la morale,
C'est avec volupté qu'il produit le scandale ;
Il fait verser du sang, il fait couler des pleurs...
Ah ! que l'on devrait bien l'arracher à plusieurs !
Mes frères, vous riez, vous rougissez, mes sœurs...
Allons, plus d'équivoque ! il faut que je m'explique :
    Chrétiens, cet objet malfaisant,
Ce morceaux venimeux, ce bout diabolique...
— C'est la langue du médisant !!! »

                            PIERRE LACHAMBEAUDIE.

Imp. de Pollet et Ce r. S.-Denis, 380. (VERT).

LA MÈRE DES COMPAGNONS.

Air : Regardez-les bien, je vous prie.

Plein d'une joyeuse espérance,
L'oiseau s'échappe de son nid ;
Nous partons pour le tour de France
Le cœur bien gros et l'œil terni ;
Bravant une douleur amère,
Au départ nous nous résignons ;
Au but nous attend une mère,   (bis.)
C'est la mère des compagnons.

Aimable autant qu'il est possible,
Elle sourit aux doux aveux ;
Mais du voyageur trop sensible
Elle sait contenir les feux.
Sa vertu, sincère, affermie,
Fait que si nous nous éloignons,
Nous quittons une franche amie
Dans la mère des Compagnons.

1844. 2ᵉ *Volume.*

On aime à se rougir la trogne,
Tout ouvrier sait ce que c'est,
Souvent le gosier de l'ivrogne
Est plus large que son gousset;
Elle ouvre un œil à la pratique,
Cet œil parfois nous l'éborgnons;
Pourtant qui connait la rubrique!
C'est la mère des compagnons.

Pour ceux qui laissent l'indigence
Assise au paternel foyer,
Ils ne pourraient en conscience
Comme des lurons festoyer.
Le travail a ses jours prospères,
Sur tout l'argent que nous gagnons
Qui retient la part des vieux pères?
C'est la mère des compagnons.

Quand viennent ces luttes brutales
Qui vengent avec trop d'éclat;
Des rivalités bien fatales
De compagnonnage ou d'état,
S'il est un pauvre camarade
Que du combat nous ramenons,
Qui veille au chevet du malade?
C'est la mère des compagnons.

C'est madame la providence
Que l'appellent les travailleurs ;
D'elle nous gardons souvenance
Bien loin, et dans des jours meilleurs
Enfin, par le sort emportée,
Au but que tous nous atteignons,
Qui meurt, pour être regrettée?
C'est la mère des compagnons.

CHARLES GILLE.

A BARTHÉLEMY.

Air : Tous les mastics se tiennent.

Ai-je bien lu? n'est-ce pas un vain songe?
D'un long oubli fuyant l'obscurité,
D'un pied vainqueur écrasant le mensonge
Tu viens sourire à notre anxiété !
Un cri d'effroi signala ta retraite,
De tous les cœurs il veut être entendu :
Quand tu reviens patriote et poète,
Honneur à toi que l'on disait vendu !

Déshérité de tes ailes d'archange,
Quand tu perdis ton vol avec l'honneur,
Du haut des cieux trébuchant dans la fange,
En se brisant, ton luth vibra d'horreur !
Au pilori, ton nom si populaire,
Par mille bras fut alors suspendu ;
Ton Hélicon devait être un Calvaire,
Honneur à toi, que l'on disait vendu !

Naguère encor dans l'arène publique,
La lyre en main, tu combattais pour nous ;
Frappant l'écho, ton vers patriotique,
Vit mainte fois le visir à genoux.
Tu fus trahi ! nous sécherons tes larmes...
Avec bonheur notre amour t'est rendu ;
L'adversité sut retremper tes armes ;
Honneur à toi que l'on disait vendu !

Viens parmi nous, poète, notre maître,
Presse la main des bardes travailleurs ;
Par nos couplets nous t'aiderons, peut-être
Pour nos enfants luiront des jours meilleu
Siècle de fer qui rouille notre terre,
Au feu sacré tu seras refondu ;
Dans son creuset mêlons notre colère,
Honneur à toi que l'on disait vendu !

Comme jadis un politique orage
Vient de juillet masquer le beau soleil,
Le coq gaulois, qui dormait dans sa cage,
Chez l'étranger va chanter son réveil!
Pauvre mouton! victime de ses trames,
Par le pouvoir, quand le peuple est tondu,
De ses ciseaux tu viens briser les lames :
Honneur à toi que l'on disait vendu!...

Alexis Dalès.

LA PAILLE ET LA POUTRE.

Air de l'auteur des paroles.

Par ma foi! sur ce monde caustique,
Qui de tout glose à tort, à travers,
Aujourd'hui pour lui faire la nique,
Muse, il faut essayer quelques vers.
Narguons son humeur atrabilaire,
Et par un vieux dicton populaire,
De sa morgue indiquons-lui l'écueil;

Prouvons lui, sans y mettre d'orgueil,
Que chacun se gonflant comme une outre
Qu'empliraient cinquante brocs de vin,
Montre une paille à l'œil du voisin,
  Et n' voit pas la poutre;   (bis.)
Montre une paille à l'œil du voisin,
  Et n' voit pas la poutre
  Qui bouche le sien.

Quoiqu'on dise la bonté peu rare
Et la modestie en plein progrès,
Cependant ici je le déclare,
Je voudrais qu'on les jugeât de près ;
Tant de gens aux façons charitables
Sous leurs gants ont des ergots de diable,
Puis alors qu'on leur parle talent,
Ou savoir, ou génie, à l'instant,
Chacun d'eux se gonflant comme une outre, etc.

Voulez-vous interroger la foule
De tous nos fesses-Matthieu bourgeois,
Dont la vie indolente s'écoule
A palper des écus sous leurs doigts ?
Ils vous diront tous que l'avarice
Est le plus épouvantable vice;

A l'un de ces vieux spéculateurs
Plaignez-vous des petits escompteurs,
L'Harpagon se gonflant comme une outre, etc.

J'ai pour mien ami certain ivrogne
Dont le verre, incessant arrosoir,
Rafraîchit les bourgeons d'une trogne
Que les dieux auraient plaisir à voir;
Mais soit dit sans lui faire un reproche,
Par hasard, quand près de lui j'approche,
Et que les feux d'un nectar brûlant
Font dévier mon pas chancelant,
Mon pochard se gonflant comme une outre, etc

Le commerce est chose fort utile :
Grâce à la falsification,
Le vol est de pratique facile
Et devient une profession;
Pourtant un jour, et c'est historique,
Devant une épicière boutique,
Un filou chippait quelque pruneau,
Tout à coup sortant de son tonneau,
Le marchand se gonflant comme une outre, etc.

L'œil est, dit-on, le miroir de l'ame;
Or, chacun avec soin précieux

Doit surveiller celui de sa femme
Comme la prunelle de ses yeux.
Il est plus d'un époux, chose étrange!
Qui le laisse obstruer par la fange,
Et lorsqu'un innocent maladroit
Dans un autre met le bout du doigt,
Mon dandin se gonflant comme une outre, etc.

En trônant sur la vieille Angleterre,
L'égoisme est en pays natal,
C'est pour lui que chaque prolétaire,
Prend son rang au-dessous du cheval.
Ici, plus d'un philanthrope crâne
Nous classe encor au-dessous de l'âne;
Et pourtant, si l'on ose jamais
Devant lui glorifier l'Anglais,
Le pékin, se gonflant comme une outre, etc.

Vous faut-il un exemple plus grave?
Naguère, sans craindre les clameurs,
Sucres de canne ou de betterave,
A la chambre avaient leurs protecteurs.
En s'amendant quatre fois d'emblée,
Aujourd'hui la candide assemblée,
Quel beau spectacle nous est offert !
Devant l'élu du chemin de fer,
Quatre fois se gonflant comme une outre, etc.

Encore un mot pour combler la liste,
Et mettre ma chanson dans le sac ;
Il me fallait un grand journaliste,
J'ai trouvé *grenier de graine à sac.*
Celui-là seul connaît la science
De tranquilliser la conscience ;
Mais qu'un saltimbanque, un regrattier
Vienne lui reprocher son métier,
Mons Scapin se gonflant comme une outre, etc.

Enfin la manie en est unique,
Elle règne et partout, et sur tous ;
Pot-au-feu, morale, politique,
Rien n'est bien que ce qui vient de nous,
Comme un autre ce travers me tente,
Et dans cet instant même où je chante,
Si j'entends quelque bruit de sifflets,
Si j'aperçois grimacer vos traits,
Mon esprit, se gonflant comme une outre
Qu'empliraient cinquante brocs de vin,
Montre une paille à l'œil du voisin,
  Et n' voit pas la poutre ;   (*bis.*)
Montre une paille à l'œil du voisin,
  Et n' voit pas la poutre
  Qui bouche le mien.   VINÇARD.

FIN.

TABLE DES MATIÈRES.

	Pages.
BAILLY (J.-F.)	
Le Convoi de Jacques Laffitte.	241
A la Gaîté.	291
BARILLOT.	
La Couronne virginale.	29
BERTHIER (Eugène).	
L'Enfant du Laboureur.	159
Mariez-vous donc à l'église.	235
BLONDEL.	
Mon beau-frère Chion.	133
BOUVIER (Félix).	
A Lisette	97
Les perles qui tombent.	188
CABASSOL (Justin).	
Le nouveau Willaume.	217
La Boîte de Pandore.	275
CAUWET (Pierre).	
Filez, blonde jeune fille.	244

Chanu et Hachin.
Le goût de Lizon. 39

Chaplain (P.-M.).
Sapho à Leucade. 152

Colmance (Charles).
Le Cabaret des Trois-Lurons. 35

Dalès (Alexis).
N' te fais pas d' bile. 5
Le jour de consultation. 145
Les Tribulations. 177
Le Philosophe et le Papillon. 197
La Couronne chansonnière. 225
A Barthélemy. 309

Dalès aîné.
Le Ver luisant. 209

Decourcelle (Adrien).
Momus en colère. 104

Fleury (Madame Eugénie).
Tu n'en auras pas l'étrenne. 45

Gabriel.
L'Etiquette est sur le paquet. 55
Petite Bergère et petit Berger. 92
L'Echantillon. 204
Je n' trouve rien. 262

Gille (Charles).
Préface.
Ma Raison. 3

Le Printemps. (A Béranger.)	19
Pierre Gringoire.	31
A un Sorcier.	36
Le Convoi du roi François.	43
Laïs.	53
Baptême de Pépin le Bossu.	65
La Poésie et la Musique.	94
Paris espère.	107
Une Nuit de Hussards.	118
La Ferme du Bois du Lu.	141
Couplet.	144
Abjuration de Galilée.	157
Pâques-Fleuries.	175
Schubbri.	190
Aux Riches.	206
L'Exilé. (A mes Amis.)	260
La Pantoufle de la Marquise.	294
La Mère des Compagnons.	305

GUILLEMÉ.

L'Ombre du Maréchal Ney.	253

HACHIN (Edouard).

Les Chants de l'Atelier.	79

LACHAMBEAUDIE (Pierre).

Le Bout de Viande.	303

LAMARCHE.

C'est du bonheur pour l'avenir.	167

LAMOME (Baptiste).

L'Amant préféré.	11
Le Peintre de Ninon.	163

Thomas Lafleur. 231
A un vieil Ami de la Goguette. 270

LECLERC (Eugène).
Y a queuqu' chos' la d'sous. 129

LEGROS (Julien).
Le Testament d'un vieux garçon. 126
L'Epoque. 220

LEROY (Gustave).
La Fête des Démons. 49
Nanette la Flamande. 81

MAIGNAND (Hippolyte).
Je suis garçon. 278

MERCIER (Numa).
Le Soulier de Fanchette. 214

MONTÉMONT (Albert de).
Les Apparences. 200
L'Hirondelle. 280

MORISSET (Charles).
C'est à votre tour, mes enfants 161

NADOT (Henri).
Ce qui surpasse l'imagination. 116

OLIVIER (Ferdinand).
La Couronne. 136
Paris n'a pas été fait en un jour. 267

PETIT (Eugène).
Conseils d'un Vieillard à l'Enfance. 17
La Confession d'un Vaurien. 71
Le Roi des Lurons. 154

Chanson Epicurienne. 170
Le petit Polisson. 248

PICARD (G.-C.)
Dithyrambe. 121

QUIBEL (Pierre).
Pauvre Paris! 14

RABINEAU (Victor).
Le Fontainier. 283

REGNARD (Charles).
Le Brigand des Pyrénées. 58
Le retour du Croisé. 113
La Leçon du bon Curé. 183
Epître à M. Perrint de Compiègne. 228
Stella Mutidina. 228
Coup-d'œil sur la Chanson. 254
Le Printemps et l'Amour. 265
Marguerite. 273
A Lamennais. 288
La Folichonne. 299

RICHON (Edouard).
La Femme à mon cousin Mathurin. 87

SAILER (Christian).
Tel père, tel fils. 27
La Vengeance. 84
Un Forban. 132
Que ne suis-je encore trompé! 139
A M. Zangiacomi. 173
Jovial en prison. 186
Triste. 255
Découragement. 289

SAVARY.

Brididi. 197

SERRÉ (Ferdinand).

A travers la porte. 22
Un état perdu. 110

SIGUY (A.)

Tu n'iras pas plus loin. 297

TROISVALETS.

*Ce précepte est sacré pour moi. 102
Respectons tous les Dieux. 286

VARIN (Emile).

Le Pavillon, c'est la patrie. 25
La Conversion. 75
Les Canotiers de Paris. 257

VERBERIE (Louis).

Le Passé. 124

VIGIER (Armand).

Le vrai bonheur. 68

VINÇARD.

Le Prolétaire. 7
Qu'on est bon enfant. 61
Le Chant du travailleur. 89
La Paille et la Poutre. 309

VINCENS.

L'Astronome du Pont-Neuf. 258

VINOT.

A mes Amis. 246

YVERT (Théodore).

Si tu veux être heureuse. 212

Imp. de Pollet et C° r. S.-Denis, 380. (VERT).

www.ingramcontent.com/pod-product-compliance
Lightning Source LLC
Chambersburg PA
CBHW060636170426
43199CB00012B/1578